MAX LUCADO

CUANDO TE SIENTAS VACÍO,
DEJA QUE DIOS
TE LLENE DE

UN AMOR QUE PUEDES COMPARTIR

GRUPO NELSON
Una división de Thomas Nelson Publishers
Desde 1798

NASHVILLE DALLAS MÉXICO DF. RÍO DE JANEIRO BEIJING

GRUPO NELSON
Una división de Thomas Nelson Publishers
Juntos inspiramos al mundo

Betania es un sello de Editorial Caribe, Inc.

Una división de Thomas Nelson, Inc.
Nashville, TN—Miami, FL, EE.UU.
www.caribebetania.com

Título en inglés: *A Love Worth Giving*

Publicado por: W Publishing Group
Una division de Thomas Nelson, Inc.

Traductor: Carolina Galán Caballero

Diseño y desarrollo de la edición castellana:
A&W Publishing Electronic Services, Inc.

ISBN: 0-88113-744-8
ISBN: 978-0-88113-744-6

Impreso en EE.UU.
Printed in U.S.A.
10ª Impresión

A mi hija Jenna al cumplir los dieciocho años.

Ningún padre se puede sentir tan feliz y orgulloso como yo.

Te amo.

RECONOCIMIENTOS

En estas páginas está la huella de muchos seres queridos.

Liz Heaney y Karen Hill. Lo único que supera su paciencia es su talento. Gracias por editar el texto de una forma tan genial.

Steve y Cheryl Green. ¿Pueden creer que ya llevamos tres décadas siendo amigos? Gracias por mantener el rumbo de este barco.

Susan Perry. Gracias por el dulce ambiente que le das a nuestra oficina.

La Iglesia de Cristo de Oak Hills. Estamos viviendo un tiempo de oraciones respondidas. Y ustedes son la respuesta a una de las mías.

El equipo «W». Ustedes son algo más que mis editores; son mi familia.

Carol Bartley y Laura Kendall. Les estoy en deuda por el caudal de correcciones que le dieron a este manuscrito.

Charles Shinn, compañero de oración, amigo de golf, mi guía, y dicho de forma simple, una buena persona. Gracias por aparecer.

Charles Prince. Caballero y erudito, además de un estimado consejero.

Steve Halliday. ¡Tu guía de discusión es fabulosa! Gracias por otro trabajo bien hecho.

Jenna, Yrea, y Sara. Ustedes ponen celosos a otros papás, y resplandeciente a éste. Las amo.

Denalyn. Un hombre podría perderse en tus ojos marrones.

A usted, mi lector. Ojalá encuentre un amor que pueda compartir.

Y a ti, nuestro Padre Celestial. ¿Es posible encerrar el océano en un dedal? ¿Puede interpretar a Mozart alguien con mal oído? ¿Puede un ratón captar la majestad de las Montañas Rocosas? Claro que no. ¿Hay palabras que puedan retener y expresar tu amor? Por supuesto que no. Pero qué gozo da intentarlo.

CONTENIDO

Agradecimientos • iv

El Principio 7.47 • 1

El buque insignia del amor • 11

Tu cociente de bondad • 21

Inflamado • 33

Dios y la ley del más fuerte • 41

Un llamado a la cortesía • 51

Elimina el «yo» de tus ojos • 61

La fuente del enojo • 71

Un corazón lleno de heridas • 85

La prueba del amor • 95

El amor es un paquete completo • 107

Un manto de amor • 117

El anillo de la fe • 129

Cuando te faltan esperanzas • 141

Él pudo haber desistido • 151

Amor inagotable • 159

Guías para discusión • 167

Notas • 213

CAPÍTULO

UNO

EL PRINCIPIO 7.47

Nosotros le amamos a él, porque él nos amó primero.

1 JUAN 4.19

DIOS TE AMA. DE FORMA PERSONAL. PODEROSAMENTE. APASIONADAMENTE.

OTROS TE HAN PROMETIDO LO MISMO Y HAN FALLADO.

PERO DIOS HIZO UNA PROMESA Y LA HA CUMPLIDO.

ÉL TE AMA CON UN AMOR INDEFECTIBLE. Y SU AMOR —SI SE LO PERMITES— TE PUEDE LLENAR

Y DEJARTE CON UN AMOR QUE PUEDES COMPARTIR.

¿Podrían ser dos personas más distintas?

A él quieren seguirlo. A ella la degradan.

Él es líder en la iglesia. Ella es una mujer de la calle.

Él se gana la vida promoviendo principios morales. Ella se gana la vida rompiéndolos.

Él es el anfitrión de la fiesta. Ella entró sin invitación.

Pregúntale a los residentes de Capernaum cuál de los dos es más piadoso, y verás cómo eligen a Simón. Porque, al fin y al cabo, estudia teología, es un hombre de hábito. Todos lo elegirían a él. Es decir, todos menos Jesús. Jesús los conocía a los dos. Y Jesús elegiría a la mujer. Jesús elige a la mujer. Y no sólo eso, sino que le explica a Simón por qué lo hace.

No porque a Simón le interese saberlo. Su mente está en otra cosa. *¿Cómo pudo colarse en mi casa esta mujer de la calle?* No sabe ni a quién gritarle primero, si a la mujer o al sirviente que la dejó entrar. No olvidemos que se trata de una cena formal. Sólo se puede asistir con invitación. La clase alta. La crema y nata. ¿Quién dejó entrar a esa mujerzuela?

Simón está enojado. *Sólo miren a la mujer arrastrándose a los pies de Jesús. ¡Y nada menos que besándoselos! Desde luego, si Jesús fuera quien de verdad dice ser, no tendría nada que ver con esta mujer.*

Una de las lecciones que aprendió Simón ese día fue: No tengas pensamientos que no quieres que Jesús oiga. Porque Jesús los oyó, y después de oírlos, decidió presentarle a Simón algunos de los suyos.

> Simón, una cosa tengo que decirte.
>
> Y él le dijo: Di, Maestro. Un acreedor tenía dos deudores: el uno le debía quinientos denarios, y el otro cincuenta; y no teniendo ellos con qué pagar, perdonó a ambos. Di, pues, ¿cuál de ellos le amará más?
>
> Respondiendo Simón, dijo: Pienso que aquel a quien perdonó más.
>
> Y él le dijo: Rectamente has juzgado. Y vuelto a la mujer, dijo a Simón: ¿Ves esta mujer? Entré en tu casa, y no me diste agua para mis pies; mas ésta ha regado mis pies con lágrimas, y los ha enjugado con sus cabellos. No me diste beso; mas ésta, desde que entré, no ha cesado de besar mis pies. No ungiste mi cabeza con aceite; mas ésta ha ungido con perfume mis pies. Por lo cual te digo que sus muchos pecados le son perdonados, porque amó mucho; mas aquel a quien se le perdona poco, poco ama. (Lucas 7.40–47)

Simón invita a Jesús a su casa pero lo trata como a un pariente que molesta. No tiene gestos amables hacia él. No lo recibe con un beso. No le lava los pies. No hay aceite para ungirle la cabeza.

O, traduciéndolo a nuestra época, nadie le abrió la puerta, ni le colgó el abrigo, ni le estrechó la mano. Hasta Drácula hubiera tenido mejores modales.

Simón no hace nada para que Jesús se sienta bien. En cambio, la mujer hizo todo lo que no hizo Simón. No sabemos su nombre. Sólo su reputación: una pecadora. Lo más probable es que fuera una prostituta. No la habían invitado a la fiesta. Tiene mala fama en la comunidad. (Imagínate que una prostituta con un traje corto y ajustado se presenta en la fiesta de Navidad del pastor. La gente se vuelve a mirarla. Algunos se sonrojan. ¡Vaya sorpresita!)

Pero el «qué dirán» no la hizo desistir de ir a la fiesta. No vino por la gente. Vino por Él. Cada uno de los movimientos de la mujer es medido y significativo. Todos sus gestos son extravagantes. Apoya las mejillas en los pies de Jesús, todavía polvorientos del camino. Ella no tiene agua, pero sí lágrimas. No tiene toalla, pero tiene su cabello. Usa ambas cosas para lavarle los pies a Cristo. Abre un frasco de perfume, quizás su única posesión valiosa, y lo derrama sobre la piel de Jesús. El aroma es tan ineludible como la ironía.

Quizás pensaríamos que Simón sería el que mostraría tal amor. ¿Acaso no es él reverendo de la iglesia, el estudioso de las Escrituras? Pero Simón es seco y distante. Pensaríamos que la mujer trataría de evitar a Jesús. ¿Acaso no es la mujer de la noche, la mujerzuela del pueblo? Pero no puede resistirse a Él. El «amor» de Simón es medido y tacaño. En cambio, el amor de ella es extravagante y arriesgado.

¿Cómo se puede explicar la diferencia entre los dos? ¿Práctica? Educación? ¿Dinero? No, pues Simón la aventaja en las tres.

Pero hay un área en la que la mujer le hace morder el polvo. ¿Cuál crees que es? ¿Qué ha descubierto ella y que Simón ignora? ¿Qué tesoro ella aprecia y que Simón pasa por alto? Sencillo: el amor de Dios. No sabemos cuándo lo recibió. No se nos dice cuándo oyó hablar de él. ¿Será que por casualidad oyó a Jesús cuando dijo: «Vuestro Padre es misericordioso» (Lucas 6.36)? ¿Andaría por ahí cerca cuando Jesús se compadeció de la viuda de Naín? ¿Le habría contado alguien que Jesús tocaba a los leprosos y convertía en discípulos a cobradores de impuestos? Lo ignoramos. Pero hay una cosa que sí sabemos: llegó sedienta. Sedienta por su culpabilidad. Sedienta por su arrepentimiento. Sedienta por incontables noches haciendo el amor sin encontrarlo. Vino con sed.

Y cuando Jesús le pasa la copa de la gracia, se la bebe. No le da una probadita o un sorbo. No moja un dedo y se lo chupa ni bebe la copa a sorbitos. Se acerca el líquido a los labios. Bebe y traga como el peregrino sediento que es. Bebe hasta que la misericordia le baja por la garganta. Y el cuello. Y el pecho. Bebe hasta que se le humedece cada pulgada del alma. Hasta que se le suaviza. Viene sedienta. Y bebe. Bebe hasta terminar la copa.

Simón, en cambio, ni siquiera sabe que tiene sed. La gente como Simón no necesita la gracia; sino que la analiza. No necesita misericordia; la debate y la prorratea. No es que Simón no pudiera recibir perdón; sencillamente nunca lo pidió.

Así que, mientras ella bebe de la copa, él se infla. Mientras ella tiene un montón de amor que dar, él no puede ofrecer ninguno. ¿Por qué? El principio 7.47. Lee otra vez el versículo 47 del capítulo 7: «mas aquel a quien se le perdona poco, poco ama». Igual que el enorme avión, el principio 7.47 tiene alas muy amplias. Igual que el avión, esta verdad te puede elevar a otro nivel. Léelo una vez más: «mas aquel a quien se le perdona poco, poco ama». En otras palabras, no podemos dar lo que no hemos recibido. Si nunca hemos recibido amor, ¿cómo podemos amar a otros?

¡Pero vaya que lo intentamos! Cómo si pudiéramos evocar el amor por la fuerza de la voluntad. Cómo si dentro de nosotros hubiera una destilería de afecto que sólo necesitara un trozo de madera o un fuego más caliente. ¿Cuál suele ser nuestra estrategia para tratar con las relaciones problemáticas? Volver a tratar con más fuerza.

«¿Mi cónyuge necesita que lo perdone? No sé cómo, pero voy a hacerlo».

«No importa lo mucho que me cueste, voy a ser amable con ese vagabundo».

«¿Se supone que tengo que amar a mi vecino? Muy bien. ¡Lo voy a hacer!»

Así que lo intentamos. Dientes apretados. Mandíbula firme. ¡Vamos a amar aunque nos cueste la vida! Y puede que eso sea justo lo que sucede.

¿Será que nos estamos saltando un paso? ¿Será que el primer paso en el amor no es hacia la gente, sino hacia Él? ¿Será que el secreto de amar es recibir? Das amor si lo recibes primero. «Nosotros le amamos a él, porque él nos amó primero» (1 Juan 4.19).

¿Deseas amar más? Comienza por aceptar tu lugar como un hijo amado. «Por tanto, imiten a Dios, como hijos muy amados, y lleven una vida de amor, así como Cristo nos amó» (Ef 5.1-2 NVI).

¿Quieres aprender a perdonar? Entonces piensa en todas las veces que has recibido perdón. «Más bien, sean bondadosos y compasivos unos con otros, y perdónense mutuamente, así como Dios los perdonó a ustedes en Cristo» (Ef 4.32 NIV).

¿Te resulta difícil poner a otros primero? Piensa en la forma en que Cristo te puso a ti primero: «El cual, siendo en forma de Dios, no estimó el ser igual a Dios como cosa a que aferrarse» (Fil 2.6).

¿Necesitas más paciencia? Bebe de la paciencia de Dios (2 P 3.9). ¿Te esquiva la generosidad? Entonces considera lo generoso que ha sido Dios contigo (Ro 5.8). ¿Te cuesta trabajo relacionarte con parientes malagradecidos o con vecinos refunfuñones? Dios se relaciona con nosotros aún cuando actuamos de la misma manera. «Porque él es bondadoso con los ingratos y malvados» (Lucas 6.35 NVI).

¿Podemos amar así?

No sin la ayuda de Dios. Puede que lo logremos durante un cierto tiempo. Puede que, como Simón, abramos una puerta. Pero nuestras relaciones necesitan algo más que un simple gesto educado. Algunos de nuestros cónyuges necesitan que les lavemos los pies. Algunos de nuestros amigos necesitan un baño de lágrimas. Nuestros hijos necesitan que los cubramos con el aceite de nuestro amor.

Pero si nosotros no hemos recibido estas cosas, ¿cómo podemos dárselas a otros? Separados de Dios, «engañoso es el corazón más que todas las cosas» (Jer 17.9). No tenemos en nosotros el amor necesario para salvar un matrimonio. La devoción que hace falta para mantener las amistades tampoco está en nuestro corazón. Necesitamos ayuda de una fuente externa. Una transfusión. ¿Podemos amar como Dios ama? Para lograrlo, tenemos que comenzar recibiendo el amor de Dios.

Los predicadores somos culpables de habernos saltado el primer paso. Les decimos a nuestras iglesias: «¡Amaos los unos a los otros!» «Sean pacientes, amables, perdonen», animamos a la gente. Pero instruir a la gente a amar sin antes explicarles que son amados es como expedir un cheque sin haber depositado dinero en la cuenta. Entonces no es de extrañar que haya tantas relaciones «sobregiradas». Los corazones no tienen suficiente amor. El apóstol Juan nos modela el orden correcto. Hace un depósito antes de decirnos que expidamos el cheque. Primero, el depósito:

> En esto se mostró el amor de Dios para con nosotros, en que Dios envió a su Hijo unigénito al mundo, para que vivamos por él. En esto consiste el amor: no en que nosotros hayamos amado a Dios, sino en que él nos amó a nosotros, y envió a su Hijo en propiciación por nuestros pecados. (1 Juan 4.9–10)

Y luego de hacer un depósito tan espléndido y llamativo, Juan nos pide que saquemos la chequera: «Amados, si Dios nos ha amado así, debemos también nosotros amarnos unos a otros» (v. 11).

El secreto de amar es vivir siendo amado. Este es el primer paso que olvidamos en nuestras relaciones. ¿Recuerdas la oración de Pablo? «Para que habite Cristo por la fe en vuestros corazones ... cimentados en amor» (Ef. 3.17). Al igual que los árboles sacan sus nutrientes de la tierra, nosotros los obtenemos del Padre. Pero ¿qué pasa si el árbol no tiene contacto con la tierra?

Ayer estaba pensando en esto mientras desmontaba nuestro árbol de Navidad. Esta es mi típica tarea del Año Nuevo: quitar los adornos, sacar el árbol de la casa y barrer todos los alfileres, ¡qué son miles! El árbol se está haciendo pedazos. La culpa de esto es la raíz débil. Por dos semanas este árbol ha estado plantado en una maceta de metal. ¿Qué puede obtener de la base que aguanta el árbol?

El viejo Simón tenía el mismo problema. Su aspecto impresionaba, estaba muy bien decorado, pero se hacía pedazos cuando le dabas uno o dos empujones.

¿Te suena esto familiar? ¿Toparte con ciertas personas te deja frágil, quebradizo y sin fruto? ¿Te desmoronas fácilmente? Si es así, tu amor debe estar arraigado en la tierra equivocada. Puede tener raíces en el amor de otras personas (que es voluble) o en nuestra decisión de amar (que es frágil). Juan nos dice que «Dios es amor; y el que permanece en amor, permanece en Dios, y Dios en él» (1 Juan 4.16). Él es la única fuente de poder.

Mucha gente nos dice que tenemos que amar. Sólo Dios nos da el poder para hacerlo.

Sabemos que Dios quiere que lo hagamos. «Y este es su mandamiento: Que ... nos amemos unos a otros» (1 Juan 3.23). Pero, ¿cómo podemos hacerlo? ¿Cómo podemos ser cariñosos con la gente que no cumple sus promesas? ¿Con los antipáticos? ¿Cómo ser amables con personas tan frías como témpanos de hielo y tan tiernas como puerco espín? ¿Cómo perdonar a los engañadores que conocemos? ¿Cómo podemos amar del mismo modo que Dios nos ama? Queremos hacerlo. Lo anhelamos. Pero ¿cómo podemos hacerlo?

Si vivimos recibiendo amor. Si seguimos el principio 7.47: primero recibir, segundo amar.

¿Te gustaría intentarlo? Llevemos este principio hasta la cima de los textos sobre el amor. Más de una persona ha aclamado 1 Corintios 13 como el mejor capítulo de la Biblia. No hay palabras que capturen tanto el corazón de la gente que se ama como estos versículos. Y no hay versículos que lleguen hasta el corazón del capítulo como los versículos 4 al 8.

> El amor es paciente, es bondadoso. El amor no es envidioso ni jactancioso ni orgulloso. No se comporta con rudeza, no es egoísta, no se enoja fácilmente, no guarda rencor. El amor no se deleita en la maldad sino que se regocija en la verdad. Todo lo disculpa, todo lo cree, todo lo espera, todo lo soporta. El amor jamás se extingue, mientras que el don de profecía cesará, el de lenguas será silenciado y el de conocimiento desaparecerá (NVI).

Hace varios años alguien me desafió a sustituir la palabra *amor* en este pasaje con mi nombre. Lo hice, y resulté ser un mentiroso: «Max es paciente, Max es bondadoso. Max no es envidioso, no es arrogante, no es ostentoso…» ¡Eso es suficiente! ¡Para ya! Esas palabras son falsas. Max no es paciente. Max no es amable. Pregúntale a mi esposa y a mis hijas. ¡Max puede ser un zoquete! Ese es mi problema.

Y por muchos años ese fue mi problema con este pasaje. Establecía un estándar que no podía alcanzar. Nadie lo puede alcanzar. Nadie, excepto Cristo, claro está. ¿Acaso este pasaje no describe el inmensurable amor de Dios? Insertemos el nombre de Cristo en lugar de la palabra *amor* y veamos si concuerda.

> Jesús es paciente, es bondadoso. Jesús no es envidioso ni jactancioso ni orgulloso. No se comporta con rudeza, no es egoísta, no se enoja fácilmente, no guarda rencor. Jesús no se deleita en la maldad sino que se regocija en la verdad. Todo lo disculpa, todo lo cree, todo lo espera, todo lo soporta. Jesús jamás se extingue, mientras que el don de profecía cesará, el de lenguas será silenciado y el de conocimiento desaparecerá.

En vez de dejar que este texto nos haga pensar en un amor que no podemos producir, dejemos que nos recuerde un amor al que no podemos resistirnos. El amor de Dios.

Algunos de ustedes están sedientos de este tipo de amor. Aquellos que pudieron amarte no lo hicieron. Te abandonaron en el hospital. Te abandonaron en el altar. Te dejaron con una cama vacía. Con un corazón roto. Con una duda interna: «¿Hay alguien que me ame?»

Por favor, escucha la respuesta del cielo. Dios te ama. De forma personal. Poderosamente. Apasionadamente. Otros te han prometido lo mismo y han fallado. Pero Dios hizo una promesa y la ha cumplido. Él te ama con un amor incondicional. Y su amor —si se lo permites— te puede llenar y dejarte con un amor que vale la pena compartir.

Ven, ven con sed y tómate toda la copa.

CAPÍTULO

DOS

El buque insignia del amor

El amor es paciente.

1 Corintios 13.4

La paciencia es la alfombra roja por la que se acerca a nosotros la gracia de Dios.

¿Ves a esa gente escondiéndose en la casa? Somos nosotros. ¿Las personas escabulléndose detrás de las escaleras? Somos tú y yo. Estamos evitando a los cobradores. Este es el día antes del desahucio. El banco nos ha dado un día más para pagar la casa. Los cobradores están acampando frente al balcón. ¡Estamos arruinados! Hemos vendido la última estampilla de alimentos. Desconectaron el servicio de agua, reposeyeron el carro y los muebles, y ahora un agente del Servicio de Rentas Internas toca a la puerta. Nos está exigiendo el pago de impuestos atrasados. «Sé que están en casa. ¡Abran la puerta!»

Lo hacemos. Nos dice la cantidad que debemos; le recordamos que no podemos hacer que un árbol de limón dé naranjas. Habla de meternos en la cárcel, y la verdad es que en ese momento no estaría nada mal estar en una cama cálida fuera del alcance de los cobradores.

Justo cuando llama al alguacil, suena su teléfono celular. Es la Casa Blanca. El Presidente quiere hablar con nosotros, exige una explicación. No tenemos ninguna. No tenemos defensa. Sólo le suplicamos que tenga paciencia. Nos escucha en silencio y pide que le pasemos al agente. Cuando el Presidente habla, el agente asiente con la cabeza y dice: «Sí, señor… Sí, señor… Sí, señor…» Apaga el teléfono y nos mira, primero a ti y luego a mí. «No sé a quién conocerán ustedes, pero su deuda está pagada», nos dice, mientras rompe los papeles y tira los pedazos al suelo.

Quizás no sabes que Dios hizo esto por nosotros. Tal vez nadie te haya hablado de «las riquezas de la bondad, paciencia y longanimidad» de Dios (Ro 2.4). A lo mejor te estabas durmiendo el día que el pastor leyó el Salmo 103.8: «Compasivo y clemente es Jehová, lento para la ira y grande en misericordia». Si es así, no es de extrañar que estés nervioso. No es raro que seas impaciente. Una bancarrota puede poner a cualquiera de un humor de perros. ¿Sabes lo que necesitas hacer?

Sal al balcón. Párate donde estaba el agente de Rentas Internas, y échale un vistazo a esos papeles; a esos trozos rotos esparcidos por el césped. Contempla la prueba de la paciencia de Dios.

¡Tú estabas en deuda con Él!

¿Qué de aquellas veces que usaste el nombre de Dios sólo para maldecir? Dios pudo haberte gritado. Pero no lo hizo. Fue paciente.

¿Qué de esas miles de puestas de sol por las que nunca le diste las gracias? Él pudo haberlas racionado. Pero no lo hizo. Fue paciente contigo.

¿Y esos domingos que fuiste a la iglesia sólo para lucir el vestido nuevo? Es un milagro que Dios no te hubiera dejado sin ropa. Pero no lo hizo. Fue paciente.

Ah, y también esas promesas: «Si me sacas de esto no volveré a mentir». «De ahora en adelante puedes contar conmigo para defenderte». «Señor, ya no me van a dar más rabietas». ¡Dios mío! Si las promesas sin cumplir fueran de madera, podríamos construir una urbanización. ¿No te parece que Dios tiene razones más que suficientes para alejarse de nosotros?

Pero no lo hace. ¿Por qué? Porque «Dios es paciente para con nosotros» (2 P 3.9).

Pablo presenta la paciencia como la máxima expresión del amor. Situado a la cabeza de la flota del amor del apóstol; uno o dos barcos por delante de la bondad, la cortesía y el perdón, se encuentra el buque insignia llamado paciencia. «El amor es paciente» (1 Co 13.4).

La palabra griega que se usa aquí para *paciencia* es muy descriptiva. En sentido figurado significa «tardar mucho en hervir». Imagínate una olla llena de agua hirviendo. ¿Qué factores determinan la velocidad de la ebullición? ¿El tamaño del fogón? No. ¿La olla? Puede que eso influya algo, pero el factor principal es la intensidad de la llama. El agua hierve rápidamente si la llama es fuerte. Hierve despacio si la llama es floja. La paciencia «mantiene baja la llama».

¿No te parece una buena explicación? La paciencia no es ingenua. No ignora mi mal comportamiento. Sólo mantiene la llama baja. Espera. Escucha. Tarda en hervir. Esta es la forma en que Dios nos trata. Y, según Jesús, así es como debemos tratar a otros.

Una vez contó una parábola acerca de un rey que decide arreglar cuentas con sus deudores. Su contable le presenta a un tipo que le debe no miles ni cientos de miles, sino millones de dólares. El rey declara sin rodeos que el hombre, su esposa y sus hijos deben ser vendidos para pagar la deuda. Debido a su incapacidad para pagar, este hombre está a punto de perderlo todo y a cada uno de sus seres queridos. No es de extrañar que ...

> aquel siervo, postrado, le suplicaba, diciendo: Señor, ten paciencia conmigo, y yo te lo pagaré todo. El señor de aquel siervo, movido a misericordia, le soltó y le perdonó la deuda. (Mateo 18.26–27)

La palabra *paciencia* hace una aparición sorpresiva aquí. El deudor no pide misericordia ni perdón; sino paciencia. Igualmente curiosa es esta aparición singular de la palabra. Jesús la usa dos veces en esta historia, y ya nunca más. No vuelve a aparecer en los Evangelios. Quizás este uso tan escaso sea el equivalente a un marcador fluorescente del siglo primero. Jesús se reserva la palabra para una sola ocasión para explicar algo concreto. La paciencia es algo más que una virtud que usamos cuando nos toca hacer cola o esperar algo durante mucho tiempo. La paciencia es la alfombra roja por la que se acerca a nosotros la gracia de Dios.

De no haber existido la paciencia, no habría misericordia. Pero el rey fue paciente, y el hombre de la deuda multimillonaria recibió el perdón.

Pero después la historia toma un giro a la izquierda. La persona que acaba de recibir perdón se va derechito de la corte a los suburbios. Y allí busca a un tipo que le debe algo de dinero.

> Pero saliendo aquel siervo, halló a uno de sus consiervos, que le debía cien denarios; y asiendo de él, le ahogaba, diciendo: Págame lo que me debes. Entonces su consiervo, postrándose a sus pies, le rogaba diciendo: Ten paciencia conmigo, y yo te lo pagaré todo. Mas él no quiso, sino fue y le echó en la cárcel, hasta que pagase la deuda. (vv. 28–30)

El rey está sorprendido. ¿Cómo puede este hombre ser tan impaciente? ¡Cómo se ha *atrevido* a ser tan impaciente! La tinta del sello de PAGADO en las facturas del hombre todavía está fresca. ¿Acaso no esperaría de él un gesto caritativo tipo Madre Teresa? Uno pensaría que alguien a quien se le ha perdonado tanto sería capaz de amar mucho. Pero no fue así. Y su falta de amor le costó muy caro.

Volvieron a llamar al castillo al siervo que no pudo perdonar.

> Entonces, llamándole su señor [también conocido como «Dios»], le dijo: Siervo malvado, toda aquella deuda te perdoné, porque me rogaste. ¿No debías tú también tener misericordia de tu consiervo, como yo tuve misericordia de ti? Entonces su señor, enojado, le entregó a los verdugos, hasta que pagase todo lo que le debía. (Mt 18.32–34, énfasis del autor)

La paciencia del rey no marcó ninguna diferencia en la vida del hombre. Para el siervo, la misericordia que recibió en la sala del trono real fue sólo un examen cancelado, una bala falsa, una carta para librarse de la cárcel. No le sorprendió la gracia del rey; se sintió aliviado por haberse librado del castigo. Recibió mucha paciencia, pero no dio ninguna, lo que nos hace preguntarnos si realmente apreció el regalo que había recibido.

Si te resulta difícil tener paciencia, quizás debas hacerte la misma pregunta. ¿Hasta qué punto estás familiarizado con la paciencia de Dios? Has oído hablar de ella. Has leído de ella. Quizás hasta hayas subrayado pasajes de la Biblia que hablen del tema. Pero ¿la has recibido? La prueba está en tu paciencia. La paciencia recibida de forma significativa resulta en paciencia ejercida sin restricciones.

Pero la paciencia que nunca se recibió trae como resultado un montón de problemas, incluyendo la cárcel. ¿Recuerdas a donde envió el rey al siervo no perdonador? «Entonces su señor, enojado, le entregó a los verdugos, hasta que pagase todo lo que le debía» (Mt 18.34).

Uf, suspiramos aliviados. *Qué bueno que esta historia es sólo una parábola. Qué bueno que en la vida real Dios no encarcele a quienes son impacientes.* No estés tan seguro de eso. El egocentrismo y la ingratitud preparan el camino para muros gruesos y cárceles solitarias.

Y además, la impaciencia aprisiona el alma. Por esa razón, nuestro Dios nos ayuda rápidamente a evitar esto. Hace más que exigirnos paciencia; nos la ofrece. La paciencia es uno de los frutos de su Espíritu. Es un fruto del árbol de Gálatas 5.22: «Pero el fruto del Espíritu es: amor, gozo, paz, paciencia». ¿Le has pedido a Dios que te dé alguno de esos frutos? *Bueno, lo hice una vez, pero...* ¿Pero qué? ¿Te impacientaste? Pídelos una y otra vez. Él no se impacientará con tu petición, y tú recibirás paciencia al pedirla.

Y mientras estás orando, pídele que te dé entendimiento. «El que tarda en airarse es grande en entendimiento» (Pr 14.29). ¿Será que tu impaciencia es el resultado de falta de entendimiento? La mía sí.

Hace algún tiempo el personal de nuestra iglesia asistió a una conferencia sobre liderazgo. Como tenía interés en una clase en particular, llegué temprano y me senté en la primera fila. Pero cuando el orador empezó su exposición, me distrajo el ruido de dos personas hablando en la parte de atrás del salón. Dos hombres estaban hablando en voz baja. Estaba considerando seriamente echar un vistazo por encima de mi hombro, cuando de repente el orador explicó lo que ocurría: «Perdónenme. Olvidé explicarles por qué los dos hermanos que están en el fondo de la clase están hablando. Uno de ellos es anciano de una iglesia nueva en Rumania. Ha venido hasta aquí para aprender sobre liderazgo en la iglesia, pero no habla inglés, así que le están traduciendo la charla».

De repente todo cambió. La paciencia sustituyó a la impaciencia. ¿Por qué? Porque la paciencia siempre va unida al entendimiento. El hombre sabio dice: «El que carece de entendimiento menosprecia a su prójimo, mas el hombre prudente calla» (Pr 11.12). También dice: «El que ahorra sus palabras tiene sabiduría» (Pr 17:27). No olvides la relación entre entendimiento y paciencia. Antes de estallar, escucha. Antes de atacar, infórmate. «Con sabiduría se edificará la casa y con prudencia se afirmará» (Pr 24.3).

Antes que ninguna otra cosa, el amor es paciente.

Por ejemplo, ven conmigo a París, Francia, 1954. Elie Wiesel es corresponsal de un periódico judío. Una década antes estuvo preso en un campo de concentración. Una década más tarde se le conocería como el autor de *Night* [Noche], un relato del holocausto que recibió el Premio Pulitzer. Más tarde, obtendría la Medalla del Congreso al Mérito y el Premio Nóbel de la Paz.

Pero esta noche Elie Wiesel tiene veintiséis años y es corresponsal de un periódico desconocido. Está preparado para comenzar a entrevistar al escritor francés François Mauriac, que es un cristiano muy devoto. Mauriac es el más reciente Premio Nóbel de Literatura de Francia y es un experto en la política de este país.

Wiesel se presenta en el apartamento de Mauriac, nervioso y fumando un cigarrillo detrás de otro, con sus sentimientos aún afectados por el horror alemán, y su precaria situación como escritor. El viejo Mauriac trata de que se sienta cómodo. Lo invita a pasar y se sientan en una habitación pequeña. Sin embargo, antes que Wiesel haga la primera pregunta, Mauriac, un fiel católico romano, empieza a hablar de su tema preferido: Jesús. Mauriac es un fiel católico romano. Wiesel comienza a inquietarse. El nombre de Jesús es como un dedo metido en sus heridas infectadas.

Wiesel trata de cambiar el giro de la conversación pero no puede. Es como si cualquier cosa creada condujera a Jesús. ¿Jerusalén? Allí ministró Jesús. ¿El Antiguo Testamento? Por causa de Jesús, el Antiguo Testamento se enriquece con el Nuevo. Mauriac vuelve cualquier tema hacia el Mesías. Wiesel comienza a enojarse. El cristianismo antisemita en el que creció, las capas de dolor de Sighet, Auschwitz y Buchenwald, todo le hierve en la mente. Suelta el bolígrafo, cierra el cuaderno, se levanta enojado y le dice a Mauriac:

> Señor, usted habla de Cristo. A los cristianos les encanta hablar de Él: la pasión de Cristo, la agonía de Cristo, la muerte de Cristo. En la religión de ustedes es de lo único que hablan. Pues muy bien, quiero que sepa que hace diez años, no muy lejos de aquí, conocí a niños judíos que sufrieron mil veces más, seis millones de veces más que Cristo en la cruz. Y no hablamos de ellos. ¿Lo entiende, señor? No hablamos de ellos».[1]

Mauriac está sorprendido. Wiesel se da vuelta y se dirige hacia la puerta. Mauriac sigue sentado, todavía sorprendido, envuelto en una manta de lana. El joven reportero ya está apretando el botón del ascensor, cuando Mauriac aparece en el pasillo. Toma suavemente a Wiesel por el brazo. «Vuelva, por favor», le suplica. Wiesel accede y los dos se sientan en el sofá. Mauriac comienza a llorar. Mira a Wiesel, pero no dice nada, sólo llora.

Wiesel comienza a disculparse. Mauriac le corta en seco y le pide a su joven amigo que hable. Quiere oír hablar del tema, los campos de concentración, los trenes, las muertes. Le pregunta a Wiesel por qué no ha escrito nada sobre esto. Wiesel le dice que el dolor es demasiado fuerte. Ha hecho un voto de silencio. El anciano le dice que lo rompa y hable de su experiencia.

Aquella velada los cambió a ambos. El drama se convirtió en el terreno para una amistad que duraría toda la vida. Se escribieron cartas hasta que Mauriac murió en 1970. «Le debo mi carrera a François Mauriac», dijo Wiesel... y fue a Mauriac a quien le envió el primer manuscrito de *Night*.[2]

¿Qué habría pasado si Mauriac hubiera dejado la puerta cerrada? ¿Alguien le hubiera echado la culpa? Pudo haber perdido la paciencia ante las palabras cortantes de Wiesel y haberse alegrado al librarse de él. Pero no lo hizo. Reaccionó de forma decisiva, rápida y amable. Fue «lento en hervir». Y por esta razón, se comenzó a sanar un corazón.

¿Te puedo instar a hacer lo mismo?

«Dios es paciente para con nosotros» (2 P 3.9). Y si Dios es paciente contigo, ¿no le podrías pasar a otros algo de paciencia? ¡Claro que puedes! Porque antes de ser cualquier otra cosa:

El amor es paciente.

CAPÍTULO

TRES

TU COCIENTE DE BONDAD

El amor es bondadoso

I Corintios 13.4

LA BONDAD DE JESÚS.

SOMOS RÁPIDOS EN PENSAR EN SU PODER,

SU PASIÓN Y SU DEVOCIÓN.

PERO LOS QUE ESTÁN CERCA DE ÉL SABÍAN Y SABEN

QUE DIOS LLEVA UN MANTO DE BONDAD.

Esta mañana tenía tres mensajes en el contestador. Todos con la misma petición. Se habían enterado del tema de este capítulo y querían contribuir. Dios había sido bondadoso con ellos. Todos tenían alguna historia que contarme. Los invité a mi casa.

Los primeros en llegar fueron una pareja de recién casados. Ambos mostraban evidencia de que su boda había sido muy reciente: ella estaba delgada por todo el peso que había perdido y él no podía quitarle los ojos de encima a su «novia». Sentados muy juntitos en el sofá, me contaron su historia. Ella fue la que más habló. Él asentía y sonreía, y de vez en cuando terminaba las frases de la esposa cuando ella hacía una pausa para respirar.

—Mi madre y María eran amigas desde la adolescencia, así que invitamos a María y a Jesús a nuestra boda.

—Mi esposa conoció a Jesús cuando él llevaba el negocio familiar —añadió él.

—Nos encantó ver llegar a Jesús, pero estábamos un poco sorprendidos al ver tantos amigos. ¡Eran un montón!

—Quince o veinte —dijo él.

—Pero no nos molestó. Después de todo, Jesús es como parte de la familia. Además, la pasamos muy bien. Mucho después de que terminara la ceremonia, la gente seguía comiendo y bebiendo.

—Bebiendo demasiado —explicó el novio.

—Sí, pronto se terminó el vino y los camareros se pusieron nerviosos porque la gente seguía con ganas de seguir la fiesta.

La muchacha se incorporó un poco.

—Yo ni siquiera me enteré del problema hasta que ya estaba resuelto. Nadie me dijo nada. Pero alguien se lo dijo a Jesús y él se encargó del asunto. No sólo produjo más vino, sino que lo mejoró.

La chica añadió que el coordinador de la boda dijo que el vino sabía como un Burdeaux que había probado una vez en un festival de vino y que costaba cien dólares la botella.

El novio también se incorporó.

—Esto es lo que nos impresiona.

Su esposa le miró y asintió, como si supiera lo que iba a decir.

—Este es su primer milagro, ¿verdad? Su debut, ¡y lo hizo con nosotros! Para evitar que quedáramos como malos anfitriones.

—No tenía por qué hacerlo —dijo la chica rápidamente. En nuestra ciudad hay enfermos y pobres. Si hubiera resucitado un muerto, su nombre hubiera aparecido en los titulares. Sin embargo, realizó su primer milagro en una reunión social. ¿No le parece que fue muy bondadoso de su parte?

Ella sonrió. Él sonrió. Yo también.

Cuando se marcharon, vino a verme un hombre de negocios. Me dijo que se llamaba Zaqueo. Era bajito y llevaba un traje italiano. Estaba bronceado y mostraba los dientes al sonreír. Todo de marca. Se veía que le iba muy bien.

—No deje que le engañen las apariencias. Tenía plata, pero no amigos. Me hice una casa grande en las afueras de la ciudad, pero nadie venía a verme, ni siquiera los Testigos de Jehová. La verdad es que no puedo reprochárselo. Pagué mi casa con dinero que saqué de los impuestos de la gente. Nadie vino a visitarme hasta el día en que vino Jesús.

—Luego voy a ir a tu casa — dijo en voz alta. Justo en el centro de la ciudad, así que todos lo oyeron. En verdad no tenía por qué hacerlo. Hay un restaurante en la siguiente cuadra, o si no, lo hubiera podido invitar a comer en el club. Pero, no, Él quería ir a mi casa. Y quería que todo el mundo se enterara. Él fue el primero en firmar en el libro de invitados. ¿No le parece que fue muy amable? Increíblemente bondadoso.

Un poco más tarde, ese mismo día, llegó a mi casa una mujer de mediana edad. Tenía algunas canas y el cabello peinado hacia atrás. Iba vestida de forma muy sencilla. Me recordó a las bibliotecarias de los colegios de secundaria. Tenía arrugas en la cara y estaba muy seria. Había estado enferma durante doce años. SIDA.

—Eso es mucho tiempo —le dije.

El suficiente para ya no saber a qué médico ir. Quedó sin dinero y sin esperanza. Pero lo peor de todo fue que se quedó sin amigos.

—Me tenían miedo. Temían contagiarse. Mi iglesia no me echó pero tampoco me ayudó en nada. Me pasé años sin visitar a mi familia. Estuve viviendo en un refugio. Pero entonces Jesús vino a nuestra ciudad. Iba de camino a curar a la hija del alcalde, que se estaba muriendo. Había una multitud rodeándolo, y la gente no hacía más que empujar, pero yo estaba desesperada.

Empezó a seguir a Jesús a cierta distancia, pero luego se acercó y se quedó detrás de él por miedo a que la reconocieran. Avanzó pulgada a pulgada detrás de un hombre de anchos hombros, y se quedó detrás de él hasta que «ya sólo había dos personas entre él y yo. Empujé mi brazo entre la muchedumbre y conseguí tocarle el borde de la chaqueta. Ni siquiera lo agarré, sólo lo toqué. Y al hacerlo, mi cuerpo cambió. Al instante. Mi cara recobró el calor perdido. Sentía que respiraba mejor. La espalda se me desencorvó. Me detuve y dejé pasar a la gente. Él también se detuvo».

—¿Quién me ha tocado? —preguntó.

Me escondí detrás de aquel hombre grande y no dije nada. Mientras él y la gente esperaban, sentí galopar el corazón. ¿Por haber sido sanada? ¿Por miedo? ¿Por las dos cosas? Ni yo misma lo sé. Entonces él volvió a preguntar:

—¿Quién me ha tocado?

No parecía enojado, sino sólo curioso. Así que le contesté. Creo que me temblaba la voz. Y también las manos. El hombre se apartó. Jesús se acercó y le conté toda la historia.

—¿Toda la historia? —le pregunté.

—*Toda la historia* —me respondió.

Traté de imaginarme el momento. Todo el mundo estaba esperando mientras Jesús escuchaba. La multitud esperaba. Las autoridades de la ciudad estaban esperando. Una niña se estaba muriendo, la gente estaba empujando, los discípulos estaban llenos de preguntas, pero Jesús... Jesús estaba escuchando. Escuchando toda la historia. No tenía por qué hacerlo. Habría sido suficiente con sanarla. Suficiente para ella. Suficiente para la gente. Pero no suficiente para Él. Jesús no se conformaba con sanar un cuerpo enfermo. Quería escuchar la historia. Todita. Qué amable. Qué bondadoso. El milagro sanó el cuerpo de la mujer. La bondad restauró su dignidad.

Y la mujer nunca podrá olvidar lo que hizo después.

—Como si aún no hubiera hecho suficiente —los ojos se le empezaron a humedecer— me llamó «hija».

—Hija, tu fe te ha salvado. Vete en paz.

Me dicen que soy la única persona con la que usó esa palabra. Sólo conmigo.[1] Cuando se fue comprobé lo que me dijo. Estaba en lo cierto.

La bondad de Jesús. Somos rápidos en pensar en su poder, su pasión y su devoción. Pero los que están cerca de Él sabían y saben que Dios lleva un manto de bondad.

Es lo suficientemente bondadoso como para hacerse cargo de un paso en falso. Es lo suficientemente bondadoso como para comer con un ratero. Es lo suficientemente bondadoso como para bendecir a una hermana que sufre.

«El amor es bondadoso», escribe Pablo.

Nehemías está de acuerdo con él. «Pero tú eres Dios que perdonas, clemente y piadoso, tardo para la ira, y grande en misericordia» (Neh 9.17).

David también: «Porque mejor es tu misericordia que la vida» (Sal 63.3).

Pablo habla de «la bondad de Dios nuestro Salvador, y su amor para con los hombres» (Tit 3.4). Proclama de forma espléndida: «para mostrar en los siglos venideros las abundantes riquezas de su gracia en su bondad para con nosotros en Cristo Jesús. Porque por gracia sois salvos por medio de la fe; y esto no de vosotros, pues es don de Dios» (Ef 2.7–8).

Pero la invitación de Jesús ofrece la prueba más dulce de la bondad del cielo:

> Venid a mí todos los que estáis trabajados y cargados, y yo os haré descansar. Llevad mi yugo sobre vosotros, y aprended de mí, que soy manso y humilde de corazón; y hallaréis descanso para vuestras almas; porque mi yugo es fácil, y ligera mi carga. (Mt 11.28–30)

Los campesinos del antiguo Israel solían entrenar a un buey sin experiencia uniéndolo a otro buey con experiencia usando un arnés de madera en el mismo yugo. Las tiras de cuero que rodeaban al animal más viejo estaban muy apretadas. Él llevaba la carga. En cambio, el yugo que rodeaba al animal más joven estaba más flojo. Caminaba junto al buey más maduro, pero su carga era ligera. En este versículo Jesús nos dice: «Yo camino a tu lado. Estamos unidos en el mismo yugo. Pero yo llevo el peso y la carga».

A veces me pregunto cuántas cargas Jesús está llevando por nosotros que ni siquiera sospechamos. Sabemos de algunas. Carga con nuestro pecado. Lleva nuestra vergüenza. Carga con nuestra deuda eterna. Pero ¿habrá otras cargas? ¿Nos habrá librado de temores antes de llegar a sentirlos? ¿Habrá cargado con nuestra confusión para que no tuviéramos que hacerlo nosotros? ¿Y qué de las veces que nos hemos sorprendido con un sublime sentimiento de paz? ¿Sería que Jesús levantó nuestra ansiedad sobre sus hombros y puso un yugo de bondad sobre nosotros?

¿Y cuántas veces le damos las gracias por esa bondad? No las suficientes. ¿Nuestra ingratitud restringe su bondad? No. «Porque él es benigno para con los ingratos y los perversos» (Lucas 6.35).

En el idioma original, la palabra usada para *bondad* lleva la idea de un acto de gracia. Pero también se refiere a un hecho o persona que es «útil, servicial, adaptado a su propósito».[2] *Bondad* también se empleaba para describir algún alimento que fuera sabroso y al mismo tiempo saludable. Nos sonaría raro: «Mi amor, qué comida tan buena, la ensalada es muy *bondadosa* esta noche».

Pero la verdad es que tiene sentido. ¿No es acaso la bondad algo muy bueno para ti? ¿Algo placentero *y* práctico? La bondad no sólo dice buenos días, también hace el café. Otra vez, ¿no es esta una descripción muy acertada de Jesús? No sólo asistió a la boda, sino que la «salvó». No sólo sanó a la mujer, sino que la honró. No sólo llamó a Zaqueo, sino que fue a su casa.

¿No ha hecho lo mismo contigo? ¿No te ha sacado de más de un lío? ¿No ha entrado en tu casa? ¿Ha estado alguna vez demasiado ocupado como para no escuchar tu historia? La Biblia dice: «Quien sea sabio y guarde estas cosas entenderá los hechos misericordiosos de Jehová» (Sal 107.43). ¿Acaso Dios no ha sido bondadoso, amable y útil contigo? Pues del mismo modo que Él ha sido tan bondadoso contigo —y tú sabes de lo que estoy hablando— ¿no puedes tú ser un poco bondadoso con los demás?

La pregunta de Pablo va para todos nosotros: «¿O menosprecias las riquezas de su benignidad, paciencia y longanimidad, ignorando que su benignidad te guía al arrepentimiento?» (Ro 2.4) ¿Arrepentimiento de qué? Ciertamente de ignorar a Dios, de nuestra rebeldía y nuestro pecado. Pero, ¿no podremos también decir que la bondad de Dios nos guía a arrepentirnos de nuestra falta de bondad?

Puede que alguien piense que toda esta palabrería sobre la bondad suene, cómo diríamos… un tanto cursi. Los hombres tendemos a valorar virtudes más dramáticas: valor, devoción y liderazgo con visión. Vamos a seminarios sobre estrategia y trabajo en equipo, pero a decir verdad, nunca he asistido ni escuchado una charla sobre la bondad. Jesús, sin embargo, tendría problemas con nuestras prioridades. Nos dice: «Id, pues, y aprended qué significa: Misericordia quiero y no sacrificio» (Mt 9.13). Pablo pone la bondad en la cúspide de la pirámide cuando escribe: «El amor es bondadoso» (1 Co 13.4).

¿Eres bondadoso? ¿Cuál es tu cociente de bondad? ¿Cuándo fue la última vez que hiciste algo por alguien de tu familia —ir a buscar una cobija, recoger la mesa, preparar el café— sin que te lo pidieran?

Piensa en tu colegio o lugar de trabajo. ¿Cuál es la persona a la que más ignoran o evitan? ¿Un estudiante tímido? ¿Un empelado gruñón? Quizás no habla el mismo idioma. Tal vez no encaja en el ambiente. ¿Eres bondadoso y amable con esa persona?

Los corazones bondadosos actúan de forma tranquila y silenciosa. Le ceden el paso a la joven madre con tres hijos. Recogen el cubo de la basura del vecino que se cayó en la calle. Y sobre todo, son bondadosos en la iglesia. Saben que quizás la persona más necesitada que conocerán en toda la semana es la que está parada en la entrada o sentada detrás de ellos en el culto. Pablo escribe: «Así que, según tengamos oportunidad, hagamos bien a todos, y mayormente a los de la familia de la fe» (Gá 6.10).

Y el desafío es aún mayor: ¿qué pasa con tus enemigos? ¿Qué tan bondadoso eres con los que quieren lo que tú quieres o se llevan lo que tienes?

Un amigo mío fue testigo de un gesto de bondad lleno de humor en una subasta. El propósito de la reunión era colectar dinero para una escuela. Alguien había donado un perrito de raza que derritió los corazones e hizo sacar las chequeras de muchas personas. Sobre todo a dos.

Estaban sentadas en extremos opuestos de la sala, un hombre y una mujer. Durante la licitación, estas dos personas eran las más decididas. Otros desistieron, pero no este dúo. Uno y otro siguieron hasta llegar a varios miles de dólares. Ya no se trataba del perrito, sino de ganar. Era como la final de Wimbledon, y ninguno de los jugadores se separaba de la red. (Por cierto, al director de la escuela se le caía la baba.)

Al final el hombre cedió y dejó de litigar. «A la una, a las dos, a las tres. ¡Vendido!» El público irrumpió en aplausos y presentaron a la dama con su trofeo moviendo el rabo. A la señora se le suavizaron las facciones y después se sonrojó. Quizás se le olvidó dónde estaba. Nunca tuvo la intención de comer doce platos en una cena formal. Seguro que nunca tuvo en mente mostrarle al mundo su lado de perro de pelea.

¿A que no sabes lo que hizo? Cuando los aplausos amainaron, cruzó la sala y le ofreció el cachorro a su competidor.

Imagínate que hicieras eso con tus competidores. Con tus enemigos. Con el jefe que te despidió y con la esposa que te abandonó. ¿Te imaginas sorprendiéndolos con ese tipo de bondad? ¿Fácil? No, nadie dice que lo sea. Pero la misericordia es el gesto más profundo de la bondad. Pablo los iguala: «Sed bondadosos y misericordiosos los unos con los otros, perdonándoos unos a otros, como Dios también os perdonó a vosotros en Cristo» (Ef 4.32). Jesús dijo:

> Amad a vuestros enemigos y haced bien a los que os aborrecen; bendecid a los que os maldicen... Porque si amáis a los que os aman, ¿qué mérito tenéis? Más bien, amad a vuestros enemigos y haced bien y dad prestado sin esperar ningún provecho. Entonces vuestra recompensa será grande, y seréis hijos del Altísimo; porque él es benigno para con los ingratos y los perversos. Sed misericordiosos, como también vuestro Padre es misericordioso. (Lucas 6:27–28, 32, 35–36)

Bondad en casa. Bondad en público. Bondad en la iglesia y bondad con tus enemigos. Ya tenemos cubierta toda la gama, ¿no te parece? Casi, casi. Hay alguien más que necesita tu bondad. ¿Adivinas quién? Tú.

¿No es cierto que tendemos a ser demasiado duros con nosotros? Y razones no nos faltan. Igual que la parejita de la boda, no planeamos bien las cosas. Igual que Zaqueo, hemos engañado a nuestros amigos. Nos hemos estado ocupando de nosotros. Y como la mujer con la enfermedad, a veces parece que nuestro mundo está fuera de control.

Pero ¿regañó Jesús a la pareja? No. ¿Castigó a Zaqueo? No. ¿Fue duro con la mujer? No. Él es bondadoso con los olvidadizos. Es bondadoso con los tacaños. Es bondadoso con los enfermos.

Y es bondadoso con nosotros. Y como Él es tan bondadoso con nosotros, ¿no podríamos serlo con nosotros mismos? Ah, Max, pero es que tú no me conoces. No conoces mis errores ni mis pensamientos. No conoces mis quejas y murmuraciones. No, no las conozco, pero Jesús, sí. Él sabe todo acerca de ti y no por eso te niega su bondad. ¿Acaso Él, conociendo todos tus secretos, se ha echado para atrás en alguna promesa o ha pedido que le devuelvas algún regalo?

No, es bondadoso contigo. ¿Por qué no has de ser bondadoso contigo mismo? Él olvida tus errores. ¿Por qué no haces tú lo mismo? Él piensa que vale la pena vivir el día de mañana. ¿Por qué no estás de acuerdo con Él? Él cree en ti lo suficiente como para llamarte su embajador, seguidor, incluso su hijo. ¿Por qué no lo imitas y crees en ti mismo?

En el libro titulado *Sweet Thursday* [Jueves dulce], John Steinbeck nos presenta a Madam Fauna. Ella administra un burdel y le toma afecto a una prostituta llamada Susy. Madam Fauna le arregla a Susy una cita real con un hombre, no con un cliente. Le compra a Susy un vestido muy bonito y esa noche le ayuda a arreglarse. Cuando Susy está a punto de salir, se siente conmovida por la amabilidad de Madam Fauna, y le pregunta:

—Usted ha hecho mucho por mí. ¿Habrá algo que pueda yo hacer por usted?

—Sí —le responde la anciana. Puedes decir: «Soy Susy y nadie más».

Susy lo hace. Después de eso, Madam Fauna le pide:

—Ahora di: «Soy Susy y soy una buena persona».

Y Susy lo intenta: «Soy Susy y soy una buena...» Y se echa a llorar.

¿No le gustaría a Dios oírte decir esas mismas palabras? En su libro tú eres una *buena persona*. Sé bondadoso contigo mismo. Dios piensa que eres digno de su bondad. Y Él sabe juzgar bien nuestro carácter.

CAPÍTULO

CUATRO

INFLAMADO

El amor no es envidioso.

1 Corintios 13.4

DIOS TE OFRECE AMOR VERDADERO.

SU DEVOCIÓN ES GENUINA.

PERO NO TE LA DARÁ MIENTRAS NO ENTREGUES

LAS IMITACIONES.

Nancy es soltera. Tiene más de cuarenta años y es soltera. Sus amigas hablan de pañales y escuelas, las rarezas de sus maridos y las curiosidades de la vida familiar. Ella se limita a escuchar y a sonreír.

Ella es soltera. Tiene más de cuarenta años y es soltera. Sus amigas guían carros de familia. Los hijos de una compañera de secundaria ya van rumbo a la universidad. Nancy maneja un utilitario, suele comer sola, y se siente rara en los tés de canastilla.

Es soltera. A la gente le gustaría saber por qué. Nunca lo dicen, pero los ojos los delatan. «¿No estás casada?» es la pregunta. *¿Por qué no?* es el pensamiento. ¿Tienes algún problema? ¿Hay algo mal? ¿Algo raro?

Estar en el equipo de líderes de la iglesia sólo agudiza el contraste. Asiente respetuosamente cuando cuentan historias de viajes familiares y de las aventuras de vacaciones de los matrimonios. Ella pasó las últimas Navidades con sus padres y después regresó sola a su casa. Claro que le gustaría hacer algún viajecito, pero es difícil encontrar con quién. ¿Cómo puede amar a la familia de la iglesia cuando ellos tienen todo lo que ella quiere?

Algunas noches se siente vulnerable. ¿Qué fue ese ruido? Piensa mucho si debe ir o no a una fiesta. *¿Voy sola?* Y tiene que luchar con la envidia. No es que sienta ira. Ni que los celos la consuman. Ni mucho menos siente odio. Sólo envidia. Un asomo de resentimiento hacia las mujeres que tienen lo que ella no tiene. Y se siente preocupada.

Y con razón. Porque lo que hoy es un asomo puede mañana convertirse en un fuego.

Imagínate que vieras una llama en tu casa. No un incendio, sino pequeñas lenguas de calor danzando en el borde de una cortina, en los flecos de la alfombra, a un lado de la chimenea. ¿Qué harías? ¿Cómo reaccionarías? ¿Te encogerías de hombros y te marcharías, diciendo «los fuegos pequeños no destruyen casas»?

¡Claro que no! La apagarías. La patearías, cualquier cosa menos dejarla allí. No tolerarías tener una llama «suelta» en tu casa. ¿Por qué? Porque sabes cómo crece el fuego. Lo que nace inocente es mortal en la adolescencia. Si no se hace nada, el fuego consume todo lo que encuentra en el camino. Sabes, por el bien de tu casa, que no puedes jugar con fuego.

Por el bien de tu corazón, lo mismo es válido. Hay que hacer una advertencia sobre el fuego en el corazón, que si no se controla, puede convertirse en una llama hambrienta y consumirlo todo. ¿El nombre del fuego? Salomón lo llamó: «Duros como el Seol los celos. Sus brasas, brasas de fuego, fuerte llama» (Cnt 8.6).

Pablo fue igual de agresivo al decir: «El amor no es envidioso» (1 Co 13.4). No cabe duda que había leído acerca de esto y había visto los resultados de la envidia descontrolada.

Mira a los hermanos de José. Comenzaron por pelear con él y ponerlo a prueba. Inocente rivalidad entre hermanos. Pero después, el atisbo se convirtió en una llama. «Sus hermanos le tenían envidia» (Gn 37.11). No tardaron mucho en echar a José en un pozo. Y poco después, José estaba en Egipto, los hermanos seguían confabulados, y Jacob, el padre, permanecía totalmente ajeno a lo que pasaba. Pensaba que su hijo estaba muerto. Todo por envidia.

¿Y qué pasaba con los fariseos? ¿Eran hombres malvados? ¿Criminales? ¿Matones? No, eran los pastores y maestros de la época. Entrenadores de equipos infantiles y compañeros de viaje de camino al trabajo. Pero, ¿qué hicieron con Jesús? «Porque sabía que por envidia le habían entregado» (Mt 27.18).

Y Max, no te olvides de Max. Si tenemos que hacer una lista de nombres de personas propensas a los celos, pon mi nombre en esa lista. Empecé a oler el humo cuando oí hablar de una iglesia del otro lado de la ciudad. Un amigo regresó con el informe: «¡La iglesia es genial! ¡Está llena hasta rebosar! Es la más grande de la ciudad».

Un Max más espiritual se habría alegrado. Un Max más maduro le habría dado gracias a Dios. Pero el Max que escuchó esa información no actuó de forma madura o espiritual. Actuó con celos. ¿Me crees? En vez de celebrar la labor de Dios, estaba obsesionado con la mía. Quería que nuestra iglesia fuera la más grande.

Repugnante. El Señor no fue indulgente conmigo en ese asunto de territorio. En un profundo momento de convicción, me hizo ver que la iglesia es suya y no mía. Es su obra y no mía. Y mi vida es su vida y no mía.

Mi trabajo no consiste en cuestionarlo, sino en confiar en Él. «Ni tengas envidia... confía en Jehová y haz el bien» (Sal 37.1,3). ¿Cuál es la cura de los celos? Confianza. ¿Cuál es la causa de los celos? Falta de confianza. Los hijos de Jacob no confiaron en que Dios atendería sus necesidades. Los fariseos no confiaron en que Dios resolvería sus problemas. El autor de este libro no confió en que Dios extendería su reino. No se atrevió a correr ese gran riesgo. ¿Cuáles son las consecuencias de la envidia?

La soledad encabeza la lista. Salomón dice: «Cruel es la ira e impetuoso el furor; pero, ¿quién podrá mantenerse en pie delante de los celos?» (Pr 27.4). ¿Quién quiere relacionarse con un tipo celoso? En un cementerio de Inglaterra hay una tumba con esta inscripción: ELLA MURIÓ POR FALTA DE COSAS. Junto a esta, hay otra inscripción: ÉL MURIÓ TRATANDO DE DÁRSELAS.[1]

Otra consecuencia es la enfermedad. El sabio también escribió: «El corazón apacible vivifica el cuerpo, pero la envidia es carcoma en los huesos» (Pr 14.30).

La violencia es el fruto más feo. «Codiciáis y no tenéis; matáis y ardéis de envidia» (Stg 4.2). «Porque los celos del hombre son su furor, y él no perdonará en el día de la venganza», leemos en Pr 6.34. La palabra que los judíos usaban para celos es *qua-nah* y significaba «estar intensamente rojo». Déjame preguntarte, ¿has visto tal envidia? ¿Has visto a alguien ponerse rojo de celos? ¿Te resultan familiares la frente crispada y las venas abultadas? Y —dime la verdad— ¿han aparecido alguna vez en tu cara?

Si es así, tienes que hacer lo que hizo Nancy. Deja de hacer una lista de tus deseos y comienza a confiar en que Dios te dará lo que necesitas. Escucha su historia:

> Fue unos cuantos días antes de la fiesta de Navidad del personal de la iglesia. Me di cuenta que quizás era una de las pocas solteras que asistirían. No me gustaba nada la idea y, por supuesto, la verdad es que no tenía ganas de ir. Pero al orar, me di cuenta que Dios quería que fuera y que ÉL quería ser mi acompañante. No sé cómo podría ser esto, pero comencé a orar, pidiendo reconocer su presencia junto a mí en todo momento, y poder irradiar dicha presencia. Así que «fuimos» a la fiesta.
>
> Cuando «entramos», inmediatamente vi a un posible pretendiente con una bella mujer. No me desconcertó. Mientras «caminábamos» de cuarto en cuarto, socialicé, animé a los que vi y realmente practiqué el poner a otros primero. Al «marcharnos» y entrar al carro para el largo camino a casa, me eché a llorar... lágrimas de alegría y de dolor. Me alegró sentir la paz y presencia de Jesús de una forma tan tangible, a pesar del dolor de seguir soltera.
>
> El lunes siguiente un amigo pasó por mi oficina y me dijo: «Te vi en la fiesta, y me pregunté si no te resulta duro estar sola. Sin embargo, quería decirte que esa noche irradiaste el gozo de Dios».
>
> Desde entonces he asistido a incontables bodas, cenas, reuniones de exalumnos y fiestas, llevando a Jesús como pareja. No siempre ha sido fácil, pero sé que con cada actividad mi fe ha crecido. Jesús es una presencia real y tangible, tan real para mí como cualquier otra persona. Sigo creciendo a diario en el entendimiento de lo que significa estar acompañada por Él, en las cosas

> pequeñas y en las grandes, y lo que para Él significa ser el amante de mi alma, siempre presente, siempre disponible.[2]

Dios retiene lo que deseamos para darnos lo que necesitamos. Tú deseas un esposo; Él se da a sí mismo. Buscas una iglesia más grande; Él prefiere una iglesia más fuerte. Quieres recibir sanidad para poder servir. Él quiere confinarte para que puedas orar. Ese es el testimonio de Joni Eareckson Tada. Treinta años después que un accidente de clavado la dejara cuadraplégica, ella y su marido, Ken, fueron a Jerusalén. Sentada en su silla de ruedas, Joni recordó la historia del paralítico que Jesús sanó en la piscina de Betesda. Treinta años antes había leído el relato, y le pidió a Jesús que hiciera lo mismo por ella.

Aquel día en Jerusalén le dio las gracias a Dios por haber respondido a una petición mayor. Joni ve ahora su silla como un banco de oración y su aflicción como una bendición. Si Dios le hubiera sanado las piernas, miles de oraciones habrían sido sacrificadas debido a su atareada vida. Ahora se da cuenta de eso. Ahora lo acepta. La gratitud eclipsó los celos al rendir su voluntad a la de Dios.[3]

Nancy confió en su Padre con su soltería.

Joni confió en su Padre con su incapacidad.

Y Susana confió en su padre con sus perlas. A los seis años, su pertenencia más preciada era un collar de perlas. No le importaba que fueran falsas. Se las ponía para ir a todas partes, y jugaba con ellas todos los días. Amaba las perlas.

También amaba a su papá, quien viajaba mucho por cuestión de negocios. El primer día de vuelta a casa siempre era un día de fiesta. Ya en edad adulta, Susana todavía se acuerda de una vez que pasó una semana en Oriente. Cuando regresó, el papá y la hija se pasaron jugando juntos toda la tarde. Al acostar a la niña, el padre le preguntó:

—¿Me amas?

—Sí, papá, te amo más que a nada.

—¿Más que a nada?

—Más que a nada.

Él se detuvo un momento.

—¿Más que a las perlas? ¿Me darías tus perlas?

—Ay, papi —le respondió ella—. No podría hacer eso. Amo esas perlas.

—Entiendo —le dijo el papá—, y le dio un beso de buenas noches.

Al dormirse, la niña se quedó pensando en la petición del padre. Cuando se despertó, volvió a pensarlo. Esa mañana y durante todo el día le estuvo dando vueltas en la cabeza. Al final, aquella noche, fue a su padre llevando las perlas.

—Papá —te amo más que a las perlas. Aquí están.

—Me alegra mucho oír esto —le dijo, levantándose y abriendo su maletín—. Te he traído un regalo.

Susana abrió una cajita y echó un vistazo al interior. Perlas. Perlas auténticas.[4]

¿Crees que tu Padre también quiere darte algo? Dios te ofrece amor verdadero. Su devoción es genuina. Pero no te la dará hasta que no entregues las imitaciones.

¿Qué perlas quiere Él que entregues? ¿Qué joyas? ¿No quieres cambiar los regalos menores por el regalo supremo de conocer a Dios? Si lo haces, tu envidia desaparecerá. Los celos no arden cuando se recibe amor verdadero.

CAPÍTULO

CINCO

DIOS Y LA LEY DEL MÁS FUERTE

El amor no es jactancioso ni orgulloso.

1 Corintios 13:4

ESO ES LO QUE HACE EL AMOR. ANTEPONER AL AMADO.

TU ALMA ERA MÁS IMPORTANTE QUE SU SANGRE.

TU VIDA ETERNA ERA MÁS IMPORTANTE QUE SU VIDA EN LA TIERRA.

TU LUGAR EN EL CIELO ERA MÁS IMPORTANTE PARA ÉL

QUE SU LUGAR EN EL CIELO, ASÍ QUE RENUNCIÓ A SU LUGAR

PARA QUE TÚ TUVIERAS EL TUYO.

La temperatura está en los veinte grados. El viento la hace sentir en menos de diez. El aire del oeste de Texas lastima las orejas y la hierba congelada se quiebra al pisarla. Es un día muy frío de diciembre. Hasta los animales son lo bastantes listos como para quedarse en el establo una mañana como esa.

Entonces, ¿por qué estoy aquí afuera? ¿Qué estoy haciendo metido en una zanja, con el agua hasta los tobillos, trabajando en una cañería con goteras? Y, sobre todo, ¿por qué los tres tipos del camión no me están ayudando? ¿Por qué están dentro y yo estoy fuera? ¿Por qué están calientitos mientras yo estoy muerto de frío? ¿Por qué están secos y yo estoy mojado?

La respuesta está en cinco palabras: *la ley del más fuerte.*

Los naturalistas noruegos acuñaron esa expresión al estudiar el sistema de jerarquías que existe en un corral de aves. Si se cuenta las veces que los pollos dan y reciben picotazos, se puede saber cuál es la cadena de autoridad. El pollo alfa es el que más picotazos da y el omega es el que resulta más picoteado. Los demás están entre uno y otro.

Aquel día en el campo petrolero, nuestra ave alfa era el jefe del grupo. Bajo él había un antiguo capataz, y bajo el capataz, un inmigrante ilegal. Yo era el ave omega. Los estudiantes universitarios que venían durante las vacaciones de Navidad estaban en último lugar.

Nuestros asientos en el camión también revelaban nuestro rango. El jefe manejaba, el segundo en mando se sentaba en la ventanilla. El tercero se sentaba en el centro, y el de más abajo se sentaba a horcajadas sobre la palanca de cambios. Nadie explicaba el sistema ni lo escribía. Simplemente lo sabíamos. Y cuando llegaba el momento de bajarse del camión y meterse en la zanja, nadie tenía que decírmelo. Entendía la ley del más fuerte. Conocía la jerarquía.

Tú también la entiendes. Conoces el sistema. La ley del más fuerte es parte de la vida. Y hasta cierto punto, así debe ser. Hay que saber quién está a cargo de las cosas. Los sistemas de jerarquía nos ayudan a entender cuál es nuestro lugar. El problema con la ley del más fuerte no es el orden. El problema son los picotazos.

Sólo pregúntale al chico más bajito de la clase o al conserje cuyo nombre nadie sabe ni quiere saber. Una familia de clase minoritaria también te puede hablar de esto. Y el obrero nuevo de una fábrica y el chivo expiatorio de la familia. No es agradable ser el plancton en la cadena alimenticia.

Una amiga mía que se crió en una granja me dijo que una vez vio a los pollos atacando a un pollito recién nacido que estaba enfermo. Fue corriendo y se lo dijo a su madre. Esta le dijo: «Los pollos hacen eso. Si hay uno muy enfermo, los demás le dan picotazos hasta que muere».

Por esa razón Dios dice que en el amor no hay lugar para la ley del más fuerte. Jesús no toleraría tal forma de pensar. Esa mentalidad de corral puede darse en una granja, pero no en su reino. Escucha lo que dice sobre las aves alfa de su época:

> Antes, hacen todas sus obras para ser vistos por los hombres. Pues ensanchan sus filacterias, y extienden los flecos de sus mantos; y aman los primeros asientos en las cenas, y las primeras sillas en las sinagogas, y las salutaciones en las plazas, y que los hombres los llamen: Rabí, Rabí. (Mt 23.5–7)

Jesús lanza una descarga contra las aves de más rango en la iglesia, a aquellos que llevan «la voz cantante» en el tope de la escalera espiritual, y extienden su plumaje de túnicas, títulos, joyas y asientos asignados. Jesús no lo soportaba. Es fácil darse cuenta por qué. ¿Cómo puedo amar a otros si tengo los ojos fijos en mí? ¿Cómo puedo enfocarme en Dios si me estoy enfocando en mí? Y, peor aún, ¿Cómo puede alguien ver a Dios si sigo desplegando mi plumaje?

Jesús no da lugar a la ley del más fuerte. «El amor no es jactancioso ni orgulloso» (1 Co 13.4).

¿Su solución para los sistemas de jerarquías humanos? Un cambio de dirección. En un mundo de movilidad ascendente, elige el servicio descendente. Ir hacia abajo, no hacia arriba. «Estimando cada uno a los demás como superiores a él mismo» (Fil 2.3). Y eso fue lo que hizo Jesús.

Invirtió la ley del más fuerte. Mientras que otros trataban de ascender, él descendía.

Tu actitud debería ser la misma que la de Cristo Jesús:

> Haya, pues, en vosotros este sentir que hubo también en Cristo Jesús, el cual, siendo en forma de Dios, no estimó el ser igual a Dios como cosa a que aferrarse, sino que se despojó a sí mismo, tomando forma de siervo, hecho semejante a los hombres; y estando en la condición de hombre, se humilló a sí mismo, haciéndose obediente hasta la muerte, y muerte de cruz. (Fil 2.5–8)

¿Serías capaz de hacer lo que hizo Jesús? Cambió un castillo sin manchas por un establo mugriento. Cambió la alabanza de los ángeles por la compañía de asesinos. Él podía sostener el universo en la palma de la mano, pero renunció a ello para flotar en el vientre de una muchacha.

Si fueras Dios, ¿dormirías sobre paja, te alimentarías del seno de una mujer y dejarías que te envolvieran en pañales? Yo no lo haría, pero Cristo sí lo hizo.

Si supieras que tu llegada sólo le iba a interesar a unos pocos, ¿no cambiarías de idea? Si supieras que aquellos a quienes amas se reirían en tu cara, ¿te seguirías preocupando por ellos? Si supieras que todas las lenguas que creaste se reirían de ti, las bocas que creaste te escupirían, las manos que hiciste te crucificarían, ¿las habrías creado? Cristo lo hizo. ¿Considerarías a los incapacitados más importantes que tú? Jesús sí.

Se humilló a sí mismo. Pasó de dar órdenes a los ángeles, a dormir sobre paja. De sostener las estrellas, a tomarle el dedo a María. La palma que sostenía el universo recibió el clavo de un soldado.

¿Por qué? Porque eso es lo que hace el amor. Anteponer al amado. Tu alma era más importante que su sangre. Tu vida eterna era más importante que su vida en la tierra. Tu lugar en el cielo era más importante para él que su lugar en el cielo, así que renunció a su lugar para que tú tuvieras el tuyo.

Te amó hasta ese punto y porque te ama, eres de suma importancia para él.

Cristo asume una posición opuesta al corral. Señala al gorrión, el pájaro menos valioso de su tiempo y dice: «¿No se venden cinco gorriones por dos moneditas? Sin embargo, Dios no se olvida de ninguno de ellos. Así mismo sucede con ustedes: aun los cabellos de su cabeza están contados. No tengan miedo; ustedes valen más que muchos gorriones» (Lc 12.6–7 NVI).

Dios se acuerda de los pajaritos del mundo. Nosotros nos acordamos de las águilas. Hacemos estatuas de bronce de los halcones y les ponemos su nombre a nuestros equipos deportivos. Pero Dios se fija en los gorriones. Encuentra tiempo para los niños y considera a los leprosos. Le ofrece una segunda oportunidad a la mujer adúltera, y al ladrón en la cruz le hace una invitación personal. Cristo da una atención especial a los desalentados y caídos, y nos insta a seguir su ejemplo. «Mas cuando hagas banquete, llama a los pobres, los mancos, los cojos y los ciegos» (Lc 14.13).

¿Quieres amar a otros del mismo modo que Dios te amó a ti? Ven sediento. Bebe de la copa del amor de Dios para ti, y pídele que llene tu corazón de un amor que puedas compartir. Un amor que te permitirá:

Anteponer a otros. Esther Kim sabe lo que significa esto. Durante trece años tuvo un sueño. Las Olimpiadas de verano. Quería representar a los Estados Unidos en el equipo de tae kwon do.

Desde los ocho años, pasó cada hora disponible entrenando esta disciplina. De hecho, fue en una práctica que conoció a su mejor amiga, Kay Poe. Las dos trabajaron muy duro y por tanto tiempo, que a nadie le extrañó que ambas calificaran para la eliminatorias olímpicas del 2000 en Colorado Springs.

Todo el mundo, sin embargo, se sorprendió que las pusieran a ambas en la misma división. Nunca habían competido una contra otra, pero cuando el número de divisiones se redujo, se dieron cuenta que estaban en la misma categoría. Era cuestión de unos cuantos eventos para que tuvieran que encontrarse en la misma colchoneta. Una iba a perder y la otra iba a ganar. Sólo una podría ir a Australia.

Como si el momento necesitara más drama, dos sucesos pusieron a Esther Kim en una posición muy difícil. Primero, su amiga Kay se lastimó una pierna en la competencia justo antes de la de ellas. Kay apenas podía andar y mucho menos competir. Debido a esto, Esther podía derrotar a su amiga sin mucho esfuerzo.

Pero también había una segunda verdad. Esther sabía que Kay era la mejor peleadora. Si se aprovechaba de su amiga lastimada, la mejor atleta se quedaría en casa.

¿Qué hizo entonces? Esther entró al piso de competencia y saludó a su amiga y oponente. Ambas sabían lo que significaba ese gesto. Esther renunció a su lugar. Consideró que la causa era más importante que el crédito.[1]

Este es un buen momento para algunas preguntas directas: ¿Qué es más importante para ti, que noten tu presencia o que se haga el trabajo? Cuando un hermano o hermana recibe algún tipo de honor, ¿te alegras o te pones celoso? ¿Tienes la misma actitud de Jesús? ¿Consideras a otros más importantes que tú?

¿Puedo contarte la primera vez que sentí el reto de esto?

Haroldo padecía de parálisis cerebral. Por esta razón no podía andar, vestirse, comer ni ir solo al baño. Mi trabajo era ayudarlo con todas esas cosas. Y no me gustaba. Me había ido a vivir a St. Louis para seguir mi formación espiritual. Acababa de salir de la universidad y estaba listo para cambiar el mundo. Estaba preparado para predicar, para viajar, para hacer historia. Pero no estaba preparado para ayudar a Haroldo.

El director del programa tenía otros planes. Un día me dijo que tenía una asignación especial. Di por sentado que se trataba de algún tipo de ascenso. Jamás pensé que se refiriera a Haroldo.

A Haroldo le encantaban las clases bíblicas y los cultos de alabanza. Mi tarea consistía en ayudarlo a asistir a ambas cosas: recogerlo, lavarlo, ponerlo en la silla de ruedas, sentarme a su lado, y llevarlo de vuelta a casa. Sostenerle el tenedor a la hora de comer, y limpiarle la boca cuando se babeaba. No recuerdo haber sido muy cariñoso. Lo que sí recuerdo fue el día que estudiamos Filipenses 2.3: «estimando cada uno a los demás como superiores a él mismo».

Después de leer el pasaje, el profesor nos preguntó: «Piensa en la persona que está a tu izquierda. ¿La consideras más importante que tú?» Miré a mi izquierda. ¿Quién crees que estaba ahí? Haroldo. La cabeza se le había caído hacia un lado y tenía la boca abierta.

¿Haroldo más importante que yo? Yo estaba sano, tenía mucha labia, tenía un título. ¿Cómo iba a considerarlo a él más importante?

Pero Dios me hizo ver mi arrogancia y comenzó a trabajar con mi actitud. Lento, pero a paso firme, comencé a alegrarme de cuidar a Haroldo. A fin de año Haroldo y yo ya nos habíamos hecho amigos. Dios obró un milagro callado pero indeleble en mi corazón. Cuando hace un año me enteré de la muerte de Haroldo, le di las gracias a Dios por haberme permitido tener un maestro así. Dios usa a personas como él para recordarnos: *Pon a los demás primero.*

Y después de eso:

Acepta tu parte en su plan. Dios usa a gente como Bob Russell para ilustrar este tipo de amor. Bob ministra en la Iglesia Cristiana del Sureste en Louisville, Kentucky. Cuando comenzó su servicio en 1966, la iglesia tenía 125 miembros y Bob tenía veintidós años. Durante los treinta y cinco últimos años Dios ha convertido su iglesia en una de las más grandes y mejores congregaciones. Más de 16.000 personas se congregan los fines de semana para adorar a Dios en uno de los varios servicios.

En 1989 Bob tomó una decisión que sorprendió a muchos observadores. Anunció que iba a compartir las tareas de predicación con un predicador de veintisiete años. Él y Dave Stone comenzarían a alternarse los sermones a la iglesia. Según el plan que anunciaron, cada año Bob predicaría menos y Dave predicaría más. De esta manera, Bob tendría más tiempo para dirigir la iglesia, y la iglesia tendría un sucesor con experiencia.

No todo el mundo puede hacer esto. Grandes egos en iglesias pequeñas han luchado por ocupar el púlpito. Pero Bob entiende el peligro de la ley del más fuerte, y es lo suficientemente humilde como para invertirla.

La verdadera humildad no es pensar que vales menos, sino pensar apropiadamente de ti. El corazón humilde no dice: «No puedo hacer nada», sino «no puedo hacerlo todo. Sé cuál es mi parte y me alegra hacerla».

Cuando Pablo escribe «*consideren* a los demás como superiores a ustedes mismos» (Fil 2.3, NVI), emplea un verbo que significa «calcular», «pensar». La palabra implica un juicio consciente que se apoya en factores ponderados cuidadosamente.[2] Considerar a otros mejor que a ti mismo, entonces, no es decir que no hay lugar para ti; es reconocer tu lugar. «A cada cual que está entre vosotros, que no tenga más alto concepto de sí que el que debe tener, sino que piense de sí con cordura, conforme a la medida de fe que Dios repartió a cada uno» (Ro 12.3).

Y por último:

Apúrate en aplaudir los éxitos de otros. A los romanos Pablo les da este consejo: «Amaos los unos a los otros con amor fraternal; en cuanto a honra, prefiriéndoos los unos a los otros» (Ro 12.10).

William Barclay nos habla de un educador muy respetado que vivió en el siglo pasado. No sólo era conocido por sus éxitos, sino también por la forma en que los manejaba. En cierta ocasión, cuando subió a una tarima para tomar su asiento, el público se dio cuenta quién era y comenzó a aplaudir. Sorprendido, se dio vuelta y le pidió al hombre que estaba detrás de él que se adelantara. Entonces comenzó a aplaudir al hombre, asumiendo que el aplauso era para él. El hombre estaba bastante dispuesto a compartirlo.[3]

El corazón humilde honra a otros.

Una vez más, ¿no es Jesús nuestro mejor ejemplo? Se alegraba con que lo conocieran como un carpintero. Feliz de que lo confundieran con un jardinero. Sirvió a sus discípulos al lavarles los pies. Nos sirve a nosotros haciendo lo mismo. Todas las mañanas nos regala la belleza. Todos los domingos nos llama a su mesa. Cada momento habita en nuestros corazones. ¿Y acaso no habla del día en que él «se ceñirá, y hará que se sienten a la mesa, y vendrá a servirles» (Lc 12.37)?

Si Jesús tiene tanta disposición para honrarnos, ¿no podemos hacer lo mismo por otros? Haz de la gente una prioridad. Acepta tu parte en su plan. Apúrate en compartir los aplausos. Y, más que nada, considera a los otros más importantes que tú. El amor lo hace. Porque el amor «El amor no es jactancioso ni orgulloso» (1 Co 13.4).

Hay alguien juntando todas estas piezas. Sus pensamientos son más o menos estos: *Si te considero más importante que yo ... y tú crees que soy más importante que tú ... y él cree que ella es más importante que é l... y ella cree que él es más importante que ella ... entonces al final, todo el mundo se siente importante pero nadie se comporta como si lo fuera.*

Mmm... ¿Piensas que esto es lo que Dios tenía en mente?

CAPÍTULO

SEIS

UN LLAMADO A LA CORTESÍA

El amor no se comporta con rudeza.

1 Corintios 13.5 (NVI)

JESÚS SIEMPRE LLAMA A LA PUERTA ANTES DE ENTRAR.

NO TIENE QUE HACERLO. ÉL ES EL DUEÑO DE TU CORAZÓN.

SI ALGUIEN TIENE DERECHO A ENTRAR, ES CRISTO. PERO NO LO HACE.

¿ESE TOQUE SUAVE? ES CRISTO.

«HE AQUÍ, YO ESTOY A LA PUERTA Y LLAMO» (AP 3.20).

Y CUANDO LE CONTESTAS, ESPERA A QUE LE INVITES

PARA CRUZAR EL UMBRAL.

¿Ves al pasajero en la salida 26? ¿El que está mirando a la empleada del mostrador con ojos de perro sabueso? Soy yo. Sí, ya sé que no me ves muy bien. El aeropuerto de Dallas-Fort Worth, Texas, está completamente abarrotado. Si no fuera por falta de antenas y patas, tendrías un hormiguero humano. Estamos unos encima de otros.

Es por culpa de Canadá. Un frente de frío azota el oeste del país, congelando O'Hare y muchos itinerarios, incluyendo el mío. Cuando por fin nos expulsa el avión, echamos a correr por el pasillo como clientes de Wal-Mart el día después de Acción de Gracias. Pobrecito de cualquiera que se cruce en nuestro camino. ¿De qué otra forma se supone que podamos alcanzar nuestros vuelos de conexión? Aun con un clima perfecto, era muy difícil que pudiera llegar a tiempo para tomar el último vuelo a San Antonio.

Eso explica mi mirada de perro sabueso. Trato de ser lo más encantador posible con la amable pero molesta agente del mostrador. El vuelo está sobre vendido, y ella tiene mi futuro en sus manos. ¿Qué me dará: el pase para abordar o un vale para un hotel?

«¿Quedan asientos disponibles?» Le guiño el ojo, pero no se da cuenta. Le pongo un billete de veinte dólares delante de las narices, pero no lo ve. Se limita a mirar la pantalla y suspira. «Me temo...»

¿Qué? ¿Qué se teme?

«Me temo que tiene que pasar la noche en el baño de caballeros».

«Me temo que el único asiento disponible está en la última fila, entre dos luchadores de sumo».

«Me temo que está alargando demasiado este ejemplo y si no llega de una vez al asunto del capítulo, lo desviamos a Afganistán».

Pero no dijo ninguna de estas cosas. ¿Quieres saber cómo terminó la frase? (Aquí tienes un pañuelo desechable. Te conmoverás.)

«Me temo que no quedan asientos libres en clase económica. Lo voy a tener que pasar a primera clase. ¿Le importa?»

«¿Le importa que la bese?» Así que me subí al avión y me acurruqué en un asiento ancho, con espacio para estirar las piernas y sonreí como si fuera un prisionero en libertad condicional. No sólo me iba camino a casa, sino que iba con estilo. Recosté mi cabeza, cerré los ojos y…

«¡Eh! ¡Eh! ¡Señora!» Abrí los ojos. Dos filas delante de mí se había levantado un caballero. Bajito. No hacía falta que tuviera cuidado con la cabeza al enderezarse. Pero sí tenía que vigilar su tono. Era un mal educado.

«¿Qué hay que hacer para que le den a uno otra almohada? ¿Y qué pasa con las bebidas? Mi esposa y yo pagamos dinero adicional para viajar en primera clase. Estoy acostumbrado a que me atiendan mejor. ¡Exijo que me atiendan!»

No creas que las azafatas estaban tocándose las narices. Sencillamente estaban asegurándose de que las puertas y los armarios estuvieran cerrados para que pudiéramos despegar de una vez, pues ya llevábamos suficiente retraso. Cualquiera pensaría que este individuo pudiera esperar un poco más por una almohada y su Scotch. Pero no este tipo. Porque después de todo, como ya sabemos, había pagado adicional para ir en primera.

¿Por qué ese hombre y yo nos comportamos de forma diferente? No soy siempre un buen ejemplo, pero aquella noche me podrían haber hecho un monumento a la buena educación. No me quejé ni una vez, ni fui gruñón. No hubo exigencias de ningún tipo desde el asiento de ventana de la cuarta fila. Estaba más que feliz de estar a bordo. El Sr. Tengo-que-tenerlo-ahora había pagado su lugar. Yo no. Para mí fue un regalo.

Y no era el primero. Dios me dio uno mucho antes que la línea aérea. ¡Hablemos de una mejora de clase! No de clase económica a primera. ¿Qué te parece el ascenso de pecador a santo, de condenado al infierno a ir rumbo al cielo, de confundido a sabio, de culpable a justificado? Si alguien ha recibido un ascenso, ese he sido yo. No sólo voy rumbo a casa, sino que lo hago con estilo. Y sin pagar un céntimo. Como tampoco ninguno de los hijos de Dios.

¿Pero acaso no nos comportamos a veces como si hubiéramos pagado? ¿No es cierto que muchas veces nos comportamos como la *prima donna* sin almohada de la primera fila? Piensa un momento en lo que pidió el hombre. ¿Era algo poco irrazonable? No. Una almohada es parte de los servicios de un vuelo. *Lo que* pidió era razonable, sin embargo, *la forma* en que lo hizo no lo fue.

El momento fue muy inoportuno; pudo haber esperado un momento. Su tono fue duro; la verdad es que las azafatas no se merecían esa actitud. Su agenda era egoísta. No sólo quería una almohada, sino que quería ser el centro de la atención.

La Biblia tiene una palabra de seis letras para tal comportamiento: *rudeza*. Al definir lo que no es el amor, Pablo pone a la *rudeza* en la lista: «No se comporta con rudeza» (1 Co 13.5 NVI).

La palabra griega para *rudeza* significa comportamiento vergonzoso o deplorable.

Un reciente ejemplo de rudeza fue llevado recientemente ante los tribunales de Minessota. Un hombre se cayó de una canoa y perdió la compostura. Aunque el río estaba lleno de familias de vacaciones, este hombre llenó el aire de obscenidades. Algunas de estas familias pusieron una denuncia contra él. Él dijo: «Tengo mis derechos».

Dios nos llama a tener preocupaciones más altas y nobles. El llamado no es a: «¿cuáles son mis derechos?», sino a «¿qué es lo cortés?»

¿Tienes derecho a acaparar las conversaciones? Sí, pero ¿es cortés o amable hacerlo así?

¿Tienes derecho a fingir que no oíste lo que dijo tu esposa? Supongo que sí, pero ¿es eso cortesía?

¿Tienes derecho a ladrarle al dependiente de la tienda o gritarle a los niños? Sí, pero ¿es una forma afectuosa de actuar?

Denalyn tiene el derecho a estacionarse en el centro del garaje. Cosa que antes hacía con mucha frecuencia. Cuando abría la puerta del garaje, ahí estaba su carro ocupando medio espacio suyo y medio mío. Solía reaccionar de forma amable. «Denalyn», le decía al entrar en casa: «hay un carro ocupando todo el centro del garaje».

Quizás un día lo dije de forma más firme. O quizás mi tono no fue tan alegre. Sinceramente no sé qué sucedió, pero comenzó a estacionarse en su lado. Por casualidad oí a mi hija preguntarle por qué había dejado de estacionarse en el medio. «Es algo tan importante, mamá?»

«Para mí no, pero parece que para tu papá, sí, y si a él le importa, a mí también».

¿No fue eso cortesía? ¿Acaso no fue una acción al estilo de Cristo? Quizás nunca pondrías la palabra *cortesía* junto a Cristo. Yo tampoco lo había hecho hasta que escribí este capítulo.

¿Alguna vez has pasado por alto los camiones rojos con doble cabina hasta que un amigo tuyo te dice que quiere uno? Entonces empiezas a verlos por todas partes. No me había detenido a pensar en la cortesía de Cristo, pero cuando empecé a considerarla, me di cuenta que Jesús hace que Emily Post parezca Archie Bunker.

Jesús siempre llama a la puerta antes de entrar. No tiene que hacerlo. Él es el dueño de tu corazón. Si alguien tiene derecho a entrar, es Cristo. Pero no lo hace. ¿Ese toque suave? Es Cristo. «He aquí, yo estoy a la puerta y llamo» (Ap 3.20). Y cuando le contestas, espera a que le invites para cruzar el umbral.

Así fue que trató a los dos discípulos en el camino a Emaús. El Jesús resucitado no dio por sentada su hospitalidad. Cuando entraron en la casa, Él no los siguió. No entró hasta que ellos «insistieron» que lo hiciera (Lc 24.29). ¡Asombroso! Días antes, Él había muerto por sus pecados. Sólo unas horas antes, había vencido la muerte de ellos. Todos los ángeles del cielo se hubieran alegrado en ser su alfombra, pero Jesús, que es un caballero, camina sin pavonearse.

Y cuando entra, siempre trae un regalo. Hay gente que trae dulces o flores. Cristo trae «el don del Espíritu Santo» (Hch 2.38). Y, al quedarse, nos sirve. « Porque el Hijo del Hombre no vino para ser servido, sino para servir» (Mr 10.45). Si no encuentras el delantal, es porque Él lo lleva puesto. Le sirve a los invitados cuando se sientan (Jn 13. 4–5). No empieza a comer hasta que no ha dado gracias, y no se irá hasta que no se hayan recogido las sobras (Mt 14.19–20).

Es lo suficientemente cortés como para decirte su nombre (Éx 3.15) y llamarte por el tuyo (Jn 10.3). Y cuando hablas, nunca te interrumpe. ¿Has estado alguna vez con un médico que está tan ocupado que te da una receta antes de que termines de contarle tu problema? Jesús no es así. Podría hacerlo. Pues «vuestro Padre sabe de qué cosas tenéis necesidad, antes que vosotros le pidáis» (Mt 6.8). También sabe lo que has hecho antes de que le pidas perdón. «Y no hay cosa creada que no sea manifiesta en su presencia; antes bien todas las cosas están desnudas y abiertas a los ojos de aquel a quien tenemos que dar cuenta» (He 4.13). Un Dios que no fuera tan cortés te dejaría a mitad de frase, recordándote tus errores pasados. Pero Cristo no. No es mal educado. Sabe escuchar.

Siempre llega en el momento justo. Ni demasiado tarde ni demasiado temprano. Si te la pasas mirando el reloj, es porque llevas un itinerario diferente. «Todo tiene su tiempo» (Ec 3.1). Y Cristo no se sale del horario.

Incluso te abre la puerta. Pablo predicó en Troas porque el Señor le había «abierto la puerta» (2 Co 2.12 NVI). Cuando le pregunté a mi padre por qué los hombres deben abrir las puertas a las damas, me respondió con una sola palabra: «respeto». Cristo debe tener mucho respeto hacia ti.

Llama antes de entrar. Siempre viene con un regalo. La comida está servida. La mesa ya está limpia. Ya se han dado las gracias. Él conoce tu nombre y te dice el suyo, y eso no es todo.

También saca la silla para que te sientes. «Y juntamente con él nos resucitó, y asimismo nos hizo sentar en los lugares celestiales» (Ef 2.6).

Mi esposa siente un afecto especial por las madres solteras. Cuando salimos a comer, le gusta invitar a alguna viuda o divorciada. Con el pasar del tiempo he notado que les gusta que les aparte la silla antes de sentarse. Más de una vez me han dado las gracias específicamente por esto. Me acuerdo de una mamá en particular. «Hace mucho», dijo sonrojándose y secándose la humedad de los ojos, «hace mucho que no hacían eso conmigo».

¿Hace también mucho tiempo que no te tratan así? ¡Las personas pueden ser tan descorteses! Le quitamos los estacionamientos. Se nos olvidan los nombres. Interrumpimos. No llegamos a las citas. ¿Te gustaría que la gente fuera más cortés contigo? ¿Hace mucho que no te apartan la silla?

Entonces, deja que Jesús lo haga. No pases por alto esta idea. Recibe la cortesía de Cristo. Él es tu novio. ¿Acaso el novio no valora a la novia? ¿La respeta? ¿La honra? Permítele a Cristo hacer lo que anhela hacer.

Pues a medida que recibes su amor, te será más fácil dárselo a otros. A medida que reflexionas sobre su cortesía hacia ti, será más probable que hagas lo mismo.

¿Te has dado cuenta que las primeras cuatro letras de *cortés* son *corte*? En la antigua Inglaterra ser cortés era comportarse a la manera de la corte. Se suponía que la familia y los sirvientes del rey debían actuar según un alto estándar.

Nosotros también. ¿No se nos llama a representar al Rey? Entonces, «así alumbre vuestra luz delante de los hombres, para que vean vuestras buenas obras, y glorifiquen a vuestro Padre que está en los cielos» (Mt 5.16).

De vez en cuando el personal de nuestra iglesia usa camisetas con el nombre de la iglesia. Uno de esos días, una empleada necesitaba una olla especial e hizo varias llamadas de teléfono hasta que la encontró en una tienda al otro lado de la ciudad. Luego de soportar un largo camino en medio de un tráfico terrible, se encontró con un vendedor gruñón que le dijo que ya no vendían ese producto. Ella pensó contestarle de una forma grosera, pero se acordó que llevaba la camiseta, así que cambió su comportamiento.

La verdad es que todos llevamos una camiseta: «porque todos los que habéis sido bautizados en Cristo, de Cristo estáis revestidos» (Gá 3.27). Llevamos puesto a Jesús. Y quienes no creen en Jesús se dan cuenta de esto. Toman decisiones respecto a Cristo por lo que observan en nosotros. Cuando somos amables, concluyen que Cristo es amable. Si perdonamos, concluyen que Cristo perdona. Pero si somos insolentes, ¿qué va a pensar la gente sobre nuestro Rey? Si no somos sinceros, ¿qué van a pensar sobre nuestro Maestro? Por eso Pablo dice: «Andad sabiamente para con los de afuera, redimiendo el tiempo. [6]Sea vuestra palabra siempre con gracia, sazonada con sal, para que sepáis cómo debéis responder a cada uno» (Col 4.5–6). La cortesía honra a Cristo.

También honra a sus hijos. Cuando le cedes el estacionamiento a alguien, honras a esa persona. Si devuelves un libro prestado, honras a quien te lo prestó. Cuando tratas de saludar a todos los que están en el salón, sobre todo a las personas que otros han ignorado, honras a los hijos de Dios.

En su libro *Handyman of the Lord* [El resuelvelotodo del Señor], William Borders nos cuenta la historia de un hombre de color que era tan pobre que tenía que mendigar para comer. Una vez tocó el timbre de una mansión sureña y le dijeron que fuera a la parte de atrás de la casa, que ahí le iban a dar algo de comer. El dueño de la mansión se reunió con él en el porche trasero y dijo:

—Primero bendeciremos la comida. Repita después de mí: «Padre nuestro, que estás en el cielo...».

—Padre de usted, que está en los cielos —dijo el hambriento.

El dueño de la casa lo corrigió:

—No. Padre *nuestro* que estás en el cielo...

—Padre de usted, que está en los cielos —repitió el mendigo.

Frustrado, el dueño preguntó:

—¿Por qué insiste en decir «Padre suyo», si le repito una y otra vez «Padre nuestro»?

El hombre respondió:

—Si digo «Padre nuestro» eso nos convertiría a usted y a mí en hermanos, y me temo que a Dios no le gustaría que usted le pidiera a su hermano que fuera al porche trasero a buscar un trozo de pan.[1]

La cortesía honra a Dios y a sus hijos. « Si es posible, en cuanto dependa de vosotros, estad en paz con todos los hombres» (Ro 12.18). Tu parte es hacer las cosas lo mejor que puedas. No puedes controlar la actitud de los otros, pero sí la tuya.

Además, sólo fíjate dónde estás sentado. Te pudieron haber dejado atrás. En vez de esto, te subieron de clase. Así que, relájate y disfruta del viaje. Vas rumbo a casa con estilo.

CAPÍTULO

SIETE

ELIMINA EL «YO» DE TUS OJOS

El amor no es egoísta.

1 Corintios 13.4–5

ELIMINA EL YO DE TUS OJOS,

APARTANDO LOS OJOS DE TU PERSONA.

DEJA DE MIRAR A ESE PEQUEÑO «YO»

Y ENFÓCATE EN TU GRAN SALVADOR.

Existe una enfermedad que hace que la peste bubónica parezca un catarro común.

Cuenta la tasa de mortalidad debido a infecciones, fiebres y epidemias desde el principio de los tiempos, y todavía te quedarás corto ante el número de afectados sólo por esta dolencia.

Y, perdóname que sea yo quien te lo diga, pero tú también estás infectado. Tú sufres de eso. Eres una de las víctimas, un portador de la enfermedad. Tienes los síntomas y evidencias de la enfermedad. Eres uno de los casos de —sujétate fuerte— el egoísmo.

¿No me crees?

Supongamos que estás en una foto de grupo. La primera vez que ves la foto, ¿a quién buscas? Y si has salido bien, ¿te gusta la foto? Si tú eres el *único* que se ve bien ¿te gusta más la foto? Si algunos han salido con los ojos cerrados o tienen espinacas en los dientes, ¿te sigue gustando la foto? Si eso hace que te guste más, eres uno de los casos más graves.

Hablemos ahora de las manifestaciones físicas.

Manos que sujetan con fuerza. ¿Acaso tus dedos toman y sujetan con fuerza alguna posesión?

Dientes que sobresalen. ¿Te brillan los colmillos cada vez que alguien te interrumpe o cuando estás enojado?

Pies pesados. Si el gato del vecino se te cruza, ¿sientes un deseo repentino de pisar el acelerador?

Hombros extendidos. ¿Te dan deseos de palmearte tú mismo la espalda?

Y el cuello. ¿Te duele por ir siempre con la nariz alta?

Pero sobre todo, mírate los ojos. Estudia tus pupilas. ¿Ves una figurita pequeña? ¿La imagen de una persona? ¿Tu imagen?

El egocéntrico ve todo a través de sí mismo. ¿Su lema? «¡Todo se trata de mí!» El horario de viajes. El tráfico. La moda. El estilo de la alabanza. El clima, el trabajo, el lugar del trabajo, todo se filtra a través del mini-yo que tenemos en los ojos.

Egoísmo.

Es algo terrible.

Escucha las palabras de Santiago: «Porque donde hay celos y contención, allí hay perturbación y toda obra perversa» (Stg 3.16).

¿Quieres más pruebas?

Examinemos un periódico. La edición de hoy. ¿Cuántos ejemplos de egoísmo encontraremos en las primeras páginas?

1. Una adolescente muere en un accidente de carro. Su novio fue desafiado a una carrera por las calles de la ciudad. Él aceptó el desafío y chocó el coche contra un poste de teléfonos.

2. La compañía petrolera más grande del mundo se acogió a la bancarrota. Sus ejecutivos sabían que el barco estaba haciendo agua, pero no dijeron nada hasta que hicieron grandes ganancias.

3. Un prominente ciudadano es encarcelado por pornografía infantil.

El egoísmo es a la sociedad lo que el petrolero *Valdez* a la vida marina: mortal. Por eso no es de extrañar que Pablo escribiera: «No hagan nada por egoísmo o vanidad; más bien, con humildad consideren a los demás como superiores a ustedes mismos. Cada uno debe velar no sólo por sus propios intereses sino también por los intereses de los demás» (Fil 2.3–4, NVI).

A primera vista parece que el estándar que propone este pasaje es imposible de alcanzar. ¿Nada? ¿No debemos hacer *nada* por nosotros mismos? ¿Ni comprarme un traje o un vestido nuevo? ¿Y qué de ir a la universidad o ahorrar dinero? ¿Serán todas estas cosas egoísmo?

Podría ser, a menos que entendamos bien lo que quiere decir Pablo. La palabra que el apóstol usa para *egoísmo* tiene la misma raíz que las palabras *conflictos* y *contiendas*. Se refiere a una preocupación personal que lastima a los demás. Una arrogancia divisoria. De hecho, los escritores del primer siglo usaban la palabra para describir a los políticos que obtenían sus puestos mediante manipulación ilegal o a las prostitutas que seducían a los clientes, humillándose tanto a sí mismas como al otro.[1] *El egoísmo es obsesionarse consigo mismo, excluyendo a otros e hiriendo a todo el mundo.*

Velar por tus intereses personales es manejar tu vida adecuadamente. Hacerlo de forma que excluyas al resto del mundo, es egoísmo. El adverbio que resalta el v. 4 es muy útil: «Cada uno debe velar no *sólo* por sus propios intereses sino también por los intereses de los demás».

¿Quieres tener éxito? Muy bien, pero ten cuidado de no herir a otros en el proceso. ¿Quieres lucir bien? No hay problema. Sólo no hagas que los demás luzcan mal. El amor no es egoísta.

Yo lo fui. Y en el proceso causé un montón de desastres.

Hace unos lunes atrás traté de dedicar el día a preparar un sermón. Pero una llamada urgente cambió todo. *No hay problema,* me dije, *empezaré el martes.* Pero otras personas tenían ideas diferentes. Hubo un cambio en un proyecto y tenía que leer cierta correspondencia. Además debía pagar algunas cuentas, y, ah, sí, me olvidé que tenía un almuerzo. No era la agenda que tenía en mente. Pero bueno, aún tenía el miércoles.

El miércoles la reunión de líderes duró bastante. Mostraba signos de impaciencia pero nadie pareció darse cuenta. Carraspeé y le di cuerda al reloj, pero nadie se dio cuenta. Por fin se terminó la reunión y ya podía estudiar. «No te olvides de llamar a Fulanito», me recordaron cuando salía del cuarto. «Se marcha dentro de una hora». *Fulanito* estaba de buen humor. En el humor de conversar. Yo estaba de un humor rápido. Un humor enfocado. El domingo se acercaba y el reloj avanzaba. Tenía que dedicarme a las cosas del Señor y la gente se estaba interponiendo.

Por fin, a media tarde conseguí sentarme. Entonces sonó el teléfono. Era mi esposa. Estaba de un humor *desagradablemente* bueno.

—¿Nos vemos en la ceremonia? —me recordó.

—¿Qué ceremonia?

—Andrea se gradúa hoy de escuela intermedia.

¡Qué día más tonto para una ceremonia de graduación! Todo el mundo sabe que los diplomas se marchitan los miércoles.

—¡Ah! —continuó, nauseabundamente feliz—. ¿Podrías recoger a Jenna en el colegio y traerla a casa?

¿Es que esta mujer no entiende cuál es mi llamado? ¿Es que no se da cuenta de cuál es mi lugar en la historia? Hay almas hambrientas que necesitan mi estudio. Mentes extenuadas esperan mis predicaciones. Los mismos ángeles hacen fila para sentarse en primera fila los domingos, y ¡ella quiere que le sirva de chofer! «De acuerdo», rugí sin ocultar mi disgusto.

Estaba disgustado. Y por estar disgustado le grité a Jenna por no entrar rápido en el carro.

Estaba disgustado. Y por estar disgustado me olvidé de mostrar mi agradecimiento en la graduación.

Estaba disgustado. Y por estar disgustado dije: «Vámonos, Andrea», en vez de decir: «Buen trabajo, Andrea».

Estaba disgustado. Mi día no había salido como esperaba. El pequeño Max que tengo en los ojos se había hecho tan grande que era incapaz de ver ninguna otra cosa.

Parecía que Dios hubiera decidido cambiar todo. A las 5:00 p.m. del miércoles, unas cincuenta y seis horas más tarde de lo que me propuse empezar a preparar el mensaje, abrí la Biblia para leer el texto de la semana, y encontré las mismas palabras que hemos estado estudiando.

> No hagan nada por egoísmo o vanidad; más bien, con humildad consideren a los demás como superiores a ustedes mismos. Cada uno debe velar no sólo por sus propios intereses sino también por los intereses de los demás. (Fil 2:3–4 NVI)

¿Recuerdas el pasaje que describe la Palabra de Dios como una espada? A mí me atravesó. De la misma manera que los médicos diagnostican una enfermedad, así lo hizo este pasaje conmigo. Egoísmo. Debido al pequeño yo de mis ojos era incapaz de ver las bendiciones que tengo.

El amor construye relaciones; el egoísmo las destruye. Por eso Pablo insiste: «No hagan nada por egoísmo o vanidad» (Fil 2.3).

¿Pero acaso no nacemos egoístas? Y si es así, ¿podemos hacer algo al respecto? ¿Podemos dejar de enfocarnos en nuestro yo? O, mejor dicho: ¿podemos sacar el pequeño yo de nuestros ojos? Según las Escrituras, sí.

> Por tanto, si sienten algún estímulo en su unión con Cristo, algún consuelo en su amor, algún compañerismo en el Espíritu, algún afecto entrañable, llénenme de alegría teniendo un mismo parecer, un mismo amor, unidos en alma y pensamiento. (Fil 2.1–2 NVI)

Pablo apenas esconde su sarcasmo. ¿Hay algún tipo de ánimo? ¿De consuelo? ¿Hay compañerismo? ¡Entonces, sonríe!

¿Cuál es la cura para el egoísmo?

Elimina el yo de tus ojos. Apartando los ojos de tu persona. Deja de mirar a ese pequeño «yo» y enfócate en tu gran Salvador.

Un amigo mío que es ministro episcopal explica por qué termina sus oraciones con la señal de la cruz. «Al tocarme la frente y el pecho hago una "I" mayúscula. Al tocarme primero un hombro y después el otro estoy cortando la "I" por la mitad» [Nota del traductor: «I» se traduce «yo» en español].

¿Acaso no es esta la obra de la cruz? ¿Un «yo» más pequeño y un Cristo más grande? No te enfoques en ti mismo, enfócate en todo lo que tienes en Cristo. Enfócate en el aliento que hay en Cristo, en la consolación de Cristo, en el amor de Cristo, en el compañerismo del Espíritu Santo, en el afecto y la compasión del cielo.

Si Cristo se convierte en nuestro enfoque, no seremos como ese médico de Arkansas. Hizo un mal diagnóstico de un paciente. Declaró que la mujer había muerto. Se informó a la familia, y el esposo apenas podía con el dolor. Imagínate la sorpresa de la enfermera cuando se dio cuenta de que la mujer ¡estaba viva!

—Dígaselo a la familia cuanto antes —le urgió al médico.

El médico, totalmente avergonzado, llamó por teléfono al esposo y le dijo:

—Tengo que hablar con usted sobre el estado de su esposa.

—¿El estado de mi esposa? ¡Está muerta!

El orgullo del médico sólo le permitió declarar:

—Bueno, ha experimentado una ligera mejoría.

¿Una ligera mejoría? ¡Vaya eufemismo! ¿Lázaro ha salido de la tumba y lo llama una «ligera mejoría»?

Le preocupaba tanto su imagen que perdió una oportunidad de celebración. Puede que nos riamos, pero ¿no hacemos lo mismo nosotros? Hemos pasado de la cremación a la celebración. Nos merecemos un baño de lava pero hemos recibido una piscina de gracia.

Sin embargo, si nos miran a la cara cualquiera pensaría que sólo hemos tenido una «ligera mejoría». «¿Cómo estás?», nos pregunta alguien. Y nosotros, que hemos resucitado de muerte a vida, decimos: «Bueno, la verdad es que las cosas podrían ir mejor». O «no encontré estacionamiento». O «mis padres no me dejan mudarme a Hawai». O «la gente no me deja tranquilo y así no puedo terminar mi sermón sobre el egoísmo».

La verdad es que nos preocupamos por tonterías. ¿No crees que a Pablo le gustaría hablar un poco con nosotros? ¿Estás tan enfocado en lo que no tienes que no ves lo que tienes? ¿Has recibido algún aliento? ¿Consolación? ¿Compañerismo? Entonces, ¿no crees que tienes una razón para gozarte?

Ven. Ven sediento. Bebe de la copa de la bondad de Dios.

Tienes un pasaje al cielo que ningún ladrón puede robar,
un hogar eterno que no puede romper ningún divorcio.

Todos tus pecados han sido arrojados al mar.
Todos tus errores están clavados en la cruz.

Fuiste comprado con sangre y hecho en el cielo.
Un hijo de Dios con salvación eterna.

Entonces, sé agradecido y alégrate, pues
¿acaso no es cierto que lo que no tienes
es mucho menos que lo que tienes?

CAPÍTULO

OCHO

LA FUENTE DEL ENOJO

El amor no se enoja fácilmente.

1 Corintios 13.4–5 (NVI)

DIOS QUIERE LLENAR TU MUNDO CON FLORES.

TODOS LOS DÍAS TE PONE UN RAMO EN LA PUERTA.

¡ÁBRELA! ¡TOMA LAS FLORES!

ENTONCES, CUANDO LLEGUE EL RECHAZO, NO TE QUEDARÁS CORTO DE PÉTALOS.

Si le echas un vistazo a los dos hermanos no tendrás ninguna sospecha. Cuando los ves salir del culto no sientes ninguna preocupación. Como cualquier otra pareja de hermanos, tienen sus diferencias. Uno se parece más a su mamá, el otro a su papá. A uno le interesa la agricultura, al otro la ganadería. Aparte de esto, parecen similares. Compatibles. Educados en la misma cultura. Jugaron en las mismas colinas. Con los mismos animales. Hablaban con el mismo acento. Adoraban al mismo Dios.

Entonces ¿por qué uno mató al otro? ¿Por qué ese asalto tan violento? ¿Qué hizo que un hermano se volviera contra otro y derramara su sangre? ¿Por qué Caín mató a Abel?

Para responder esta pregunta tenemos que entender algo más profundo. Algo que se esconde claramente bajo el asunto del asesinato es la cuestión del enojo. Porque «Caín se enfureció» (Gn 4.5 NVI). Estaba enojado de verdad. Tan enojado que fue capaz de matar. ¿Qué lo enojó tanto?

El enojo en sí no es pecado. La emoción es idea de Dios. La Biblia nos dice: «Airaos pero no pequéis» (Ef 4.26). Se puede sentir lo que sintió Caín sin hacer lo que él hizo. El enojo no es un pecado, pero puede llevarnos a pecar. Puede que tu enojo no te lleve a derramar sangre, pero ¿te hace susceptible, irritable, de mal humor, te pone a la defensiva? ¿Te sales de tus casillas? Estas no son mis palabras, sino las de Pablo. Según el apóstol, el amor no:

«tiene envidia»
«no es jactancioso»
«no se envanece»
«no hace nada indebido»
«no busca lo suyo»
«no se irrita»

Caín era todo esto y más. Pero ¿por qué? ¿Por qué se le fundió un fusible? El texto nos vuelve a dar la respuesta. «Y miró Jehová con agrado a Abel y a su ofrenda; pero no miró con agrado a Caín y a la ofrenda suya. Y se *ensañó* Caín en gran manera, y *decayó su semblante*» (Gn 4.4–5).

Interesante. Esta es la primera vez que aparece el enojo en la Biblia. Aparecerá unas cuatrocientas veces más entre este momento y los mapas que hay al final, pero esta es la primera vez. El enojo nos lleva a la cuneta y saca el carro de la carretera. Fíjate en quién está con él en el asiento delantero: el rechazo. El enojo y el rechazo están en la misma oración.

Esta no es la única vez que aparecen juntos en la Biblia. El enojo está presente en muchas páginas. Y más de una vez el rechazo causa un incendio premeditado.

Los hijos de Jacob fueron rechazados por su padre. Jacob mimó a José y descuidó a los otros. ¿Cuál fue el resultado? Los hermanos estaban enojados. «Y viendo sus hermanos que su padre lo amaba más que a todos sus hermanos, le aborrecían, y no podían hablarle pacíficamente» (Gn 37.4).

El pueblo rechazó a Saúl. A la hora de elegir héroes, eligieron al rubio David en vez de al rey ungido. ¿Cuál fue el resultado? Saúl fue marcado. «Y cantaban las mujeres que danzaban, y decían: Saúl hirió a sus miles, y David a sus diez miles. Y se enojó Saúl en gran manera» (1 S 18.7–8).

La labor de David fue rechazada por Dios. Su plan de trasladar el arca del pacto en una carreta no le gustó al Padre. Y cuando Uza tocó el arca «el furor de Jehová se encendió contra Uza, y lo hirió allí Dios por aquella temeridad, y cayó allí muerto» (2 S 6.7). Antes de sentir temor, David estaba que echaba humo.

«David se enojó porque el Señor había matado a Uza» (2 S. 6.8 NVI).

Y Jonás tuvo problemas con el enojo del tamaño de una ballena. No creía que los ninivitas merecieran misericordia, pero Dios sí lo creía. Y al perdonarlos, Dios rechazó la opinión de Jonás. ¿Cómo se sintió Jonás con ese rechazo? «Pero Jonás se apesadumbró en extremo, y se enojó» (Jon 4.1).

No quiero subestimar una emoción tan compleja. El enojo puede tener muchas causas: impaciencia, deseos no realizados, estrés, árbitros que no se dan cuenta de faltas que están más claras que el agua. Ah, lo siento, estaba acordándome de un partido de fútbol de mi secundaria. El fuego del enojo tiene muchos troncos, pero según el relato bíblico, el trozo de madera más grueso es el rechazo.

Un encuentro muy extraño me permitió sentir esto de primera mano. Acompañé a mi esposa e hijas un día que iban de compras. Ese es el destino de un padre de tres hijas. Como no soy un comprador ávido, suelo pasar el tiempo con un libro. Cuando entramos a una tienda, ellas buscan los especiales y yo busco una silla. (Un consejito para los dueños de tiendas: unas cuantas sillas reclinables resultarían en un mayor volumen de ventas). Pero en esta tienda no había sillas. Era una tienda cara, despiadada con las billeteras, que daba por hecho que jamás desearías sentarte en presencia de sus creaciones. Así que me fui a un rincón, me senté en el piso y entré al mundo de la ficción.

—Ejem.

Alcé mis ojos y vi unos zapatos puntiagudos de tacón alto.

—Ejem, ejem.

Al mirar hacia arriba, vi a una empleada con moño y gruesos anteojos negros.

—No se siente en el piso —me dijo.

Pensé que sentía lástima por mí.

—Ah, no hay problema. Es que no encontré ninguna silla.

Me respondió con el tono que usaría un profesor de tercer grado, harto de sus alumnos.

—No está *permitido* sentarse en el piso.

¿No está permitido sentarse en el piso? Es como si me hubiera dicho: «No está permitido ir al dentista a que le saque la muela del juicio».

—Es que no encontré ninguna silla —le dije.

—No tenemos sillas— me dijo, bajando la temperatura del lugar con su frialdad.

—Lo único que quiero es sentarme —le respondí, mientras mi garganta se comenzaba a poner tensa.

—No queremos que la gente se siente —me dijo con voz autoritaria.

Mis cálculos no servían de nada. Esto no encajaba. Entré en la tienda con cuatro mujeres que sienten debilidad por unas insignificantes carteras con nombres extranjeros. ¿No deberían ofrecerme un refresco y un masaje?

—No hay problema. Me voy a parar afuera». O-o-o-h, Max, el muchacho rudo.

Me apoyé contra la pared del edificio y empecé a echar humo.

Ahora, ¿por qué estaba enojado? ¿Qué fue lo que agitó mi frustración? En el esquema global de las cosas, este evento ni siquiera movería una aguja sísmica. Entonces, ¿qué me molestó? Lo resumí en una palabra. *Rechazo.* La vendedora me había rechazado. No me aceptó.

Multiplica ese sentimiento por un billón para entender el enojo de un adolescente abandonado o una esposa divorciada. Yo ni siquiera conocía a la señora y me sentía enojado. ¿Qué pasa cuando sientes lo mismo pero de parte de tu jefe, tu amigo o tu maestro?

Te sientes herido. Y por sentirte herido, te acaloras. Tu tono es de mal gusto, frío, te pones a insultar, a cerrar las puertas de golpe, a exigir la parte que te corresponde. El enojo es tu mecanismo de defensa.

Imagínate a un adolescente oyendo una perorata. Su padre repasa la lista: malas notas, llegar tarde a casa, el cuarto hecho un desastre. Cada acusación es como un golpe en el pecho del chico. Una y otra vez hasta que llega un momento en que siente que entre su padre y él se alza el Gran Cañón. Su primera reacción es el silencio, acompañado de vergüenza. Se inclina cada vez más bajo. Pero en algún lugar se ha cruzado una línea, una técnica innata de supervivencia y el chico devuelve los golpes. «Ya no aguanto más», se levanta y sale tirando la puerta.

¿Qué pasa con el inmigrante hispano en una pequeña ciudad anglosajona? ¿Cuántas veces se le puede poner a prueba a causa de su acento, burlándose de su nombre e ignorándolo por su color de piel antes de que intente golpear a alguien?

Piensa en la esposa de un marido insensible. Todas las mujeres de su oficina recibieron una tarjeta o flores el día de San Valentín. Ella no hace más que pensar que quizás uno de los mensajeros pasará por su mesa, pero no es así. Se marcha para casa pensando: *Seguro que encontraré algo encima de la mesa.* La mesa está vacía. Suena el teléfono. Es él. Va a llegar tarde a cenar. Ni una palabra sobre el Día de San Valentín. Su marido lo olvidó. ¿Cómo pudo? Cuando eso mismo pasó el año anterior, se sintió triste. Cuando él hizo algo parecido en Navidad, se sintió herida. Pero cuando él olvidó su aniversario, ella comenzó a endurecerse. ¿Y ahora esto? Llora de rabia. El rechazo lleva al enojo.

Y si el rechazo de la gente nos hace sentir enojado, ¿qué será sentirse rechazado por Dios? ¿Primer caso de estudio? Caín.

El relato es muy esquemático y con varias lagunas, pero lo que se nos dice es suficiente como para recrear la escena del crimen. Caín y Abel fueron a adorar a Dios, quizás al mismo tiempo. Cada uno llevó su ofrenda. ¿Por qué sabían que tenían que hacer eso? Dios se lo había dicho. Hebreos 11.4 dice: «Por la fe Abel ofreció a Dios más excelente sacrificio que Caín» ¿De dónde viene la fe? «La fe viene por el oír» (Ro 10.17). Caín y Abel habían oído las instrucciones de Dios. Y cuando Abel presentó las mejores partes de uno de los primogénitos de su rebaño, lo hizo por obediencia a lo que había oído.

Y cuando Caín presentó «una ofrenda» de la tierra, estaba actuando en desobediencia. Seguro que había oído lo mismo que Abel. Si no hubiera sido así Dios no le hubiera pedido cuentas. Él sabía lo mismo que Abel. Sabía que el perdón de los pecados se obtenía por medio del derramamiento de sangre (Hch 9.22). Pero de todas formas le enojó que Dios le devolviera su sacrificio sin abrir. Dios le advirtió que tuviera cuidado.

Dios le preguntó a Caín: «¿Por qué estás enojado? ¿Por qué andas tan triste? Si haces las cosas bien, te aceptaré, pero si no las haces bien, el pecado está listo para atacarte. El pecado quiere dominarte, pero tú debes dominarlo». En este punto de la historia, Caín no había pecado. Una pequeña dosis de humildad y todo habría estado bien, pero Caín tenía otros planes.

«Caín habló con su hermano Abel. Y sucedió que estando juntos en el campo, Caín se levantó contra su hermano Abel y lo mató» (Gn 4.3–8).

Caín se rindió. Desistió en cuanto a Dios. Se dio por vencido en su habilidad de agradarlo. Y se ensañó contra Abel. Caín podría haber contado el relato de la frustración de la lucha de un misionero que escribió:

> Lo que Dios exigía de mí era tan alto y su opinión sobre mí era tan baja, que no tenía otra alternativa que vivir bajo su ceño fruncido... Dios se pasaba todo el día repitiéndome: «¿Por qué no oras más? ¿Por qué no testificas más? ¿Cuándo vas a aprender a tener disciplina contigo mismo? ¿Cómo te permites ser indulgente con pensamientos tan malignos? Haz esto. No hagas lo otro...» Cuando me detuve a evaluarlo, no había apenas una palabra, sentimiento, pensamiento o decisión mía que realmente le gustara de verdad a Dios.[1]

Muchos han escrito cartas como esta. Si no con papel y pluma, por lo menos en la mente. Caín habría escrito: «No logro satisfacerlo. Trabajo en el campo y le traigo mi cosecha. Le doy lo mejor que tengo, pero no es suficiente».

Otros escribirían:

«¿Por qué Dios no escucha nuestras oraciones? Vamos a la iglesia, pagamos nuestras deudas, pero la cuna sigue vacía».

«¿Por qué Dios no me da un empleo? No he hecho nada malo. La gente que lo maldice tiene trabajo. Yo lo he servido durante todos estos años y ni siquiera me llaman para una entrevista».

«¿Qué tengo que hacer para que Dios me perdone? ¿Tengo que pasarme el resto de la vida pagando por mis errores?»

Estos pensamientos harán que te acalores. Te llenarán de ira. Harán que estalles ante mentes superficiales como la de Abel, que hacen la mitad del trabajo pero reciben todas las bendiciones.

Para un momento. ¿No acabas de descubrir algo? ¿No se encendió una luz? ¿No acabas de encontrar por primera vez la fuente de tu ira? ¿Acaso se puede rastrear tu amargura corriente arriba hasta llegar al sentimiento del rechazo divino? Si este es tu caso, me alegra mucho decirte que al encontrar la causa también has encontrado la cura.

Cuando realmente quiero que alguien me escuche, acerco mi silla unas cuantas pulgadas y bajo el tono de voz. Si tú y yo estuviéramos conversando sobre tu ira, empezaría por ahí, y hablaría tan bajito que tendrías que inclinarte para oír. Así que inclínate un poquito y escucha esta idea.

Si el rechazo causa enojo, entonces ¿la aceptación no lo curaría? Si el rechazo celestial te hace sentir coraje hacia los demás, entonces ¿la aceptación celestial no te haría amarlos? Este es el Principio 7.47. ¿Recuerdas el versículo? «Aquel a quien se le perdona poco, poco ama». Podemos sustituir la palabra *perdona* por *acepta,* y mantener el pasaje íntegramente. «Aquel a quien se le *acepta* poco, ama poco». Si creemos que Dios es duro e injusto, ¿cómo crees que vamos a tratar a la gente? Con dureza e injustamente. Pero si descubrimos que Dios nos ha cubierto completamente de un amor incondicional, ¿no sería diferente?

¡Eso es lo que diría Pablo! Se refiere a un cambio de rumbo radical. Él pasó de toro a osito de peluche. El Pablo a.C. (antes de Cristo) echaba chispas de ira. «Saulo asolaba a la iglesia» (Hch 8.3). El Pablo d.C. (después de Cristo) se desbordaba de amor. ¿Crees que un lunático enojado escribiría estas palabras?

A los corintios: «Gracias doy a mi Dios siempre por vosotros» (1 Co 1.4).

A los filipenses: «os tengo en el corazón ... os amo a todos vosotros con el entrañable amor de Jesucristo» (Fil 1.7–8).

A los efesios: «No ceso de dar gracias por vosotros, haciendo memoria de vosotros en mis oraciones» (Ef 1.16).

A los colosenses: «Siempre orando por vosotros, damos gracias a Dios, Padre de nuestro Señor Jesucristo» (Col 1.3).

A los tesalonicenses: «Antes fuimos tiernos entre vosotros, como la nodriza que cuida con ternura a sus propios hijos» (1 Ts 2.7).

Su corazón era un universo de amor. ¿Pero qué de sus enemigos? Pues una cosa es amar a tus colaboradores, pero ¿amó también Pablo a quienes lo desafiaban? «Porque deseara yo mismo ser anatema, separado de Cristo, por amor a mis hermanos» (Ro 9.1–3). Cada vez que tenía ocasión de entrar en sus sinagogas y enseñar, así lo hacía (Hch 13.4–5; 14.1; 17.1–2,10). Sus acusadores le golpearon, le apedrearon, le pusieron en prisión, se burlaron de él. ¿Pero puede encontrar alguna ocasión en que respondiera de forma poco amable? ¿Alguna rabieta? ¿Algún ataque de ira? *Ahora tenemos a un hombre diferente.* Se le fue el enojo. Su pasión es fuerte. Su devoción es incuestionable. ¿Ataques de ira? Cosa del pasado.

¿Qué lo hizo diferente? Se encontró con Cristo. O, usando sus mismas palabras, estaba escondido en Cristo: «Vuestra vida está escondida con Cristo en Dios» (Col 3.3).

El idioma chino tiene un excelente símbolo para representar esta verdad. El símbolo para *rectitud* es una combinación de dos imágenes. Arriba hay un cordero. Debajo del cordero hay una persona. El cordero cubre a la persona.[2] ¿No es esa la esencia de la justificación? ¿El Cordero de Cristo sobre el hijo de Dios? Cada vez que el Padre se inclina para mirarte, ¿qué ve? Ve a su Hijo, el perfecto Cordero de Dios, escondiéndote. Los cristianos somos como nuestro antepasado Abel. Venimos a Dios por virtud del rebaño. Caín fue a Dios con la obra de sus propias manos. Dios lo rechazó. Abel vino, y nosotros venimos, dependiendo del sacrificio del Cordero, y Él nos acepta. Igual que en el símbolo chino, el Cordero nos esconde, estamos escondidos en Cristo.

Cuando Dios te mira no te ve a ti, ve a Jesús. ¿Y cómo reacciona cuando ve a Jesús? Hace desgarrarse los cielos y vibrar la tierra al grito de «Tú eres mi Hijo amado; en ti tengo complacencia» (Mr 1.11).

El misionero estaba equivocado. No vivimos bajo el ceño fruncido de Dios. Le hacemos sonreír de oreja a oreja. «Se gozará sobre ti con alegría, callará de amor, se regocijará sobre ti con cánticos» (Sof 3.17).

Dios te ha aceptado por medio de Cristo. Piensa en lo que significa esto. Me inclino hacia ti y te vuelvo a hablar bajito. *No puedes evitar que la gente te rechace, pero sí puedes evitar que los rechazos te pongan furioso.*

Los rechazos son como las señales de disminución de velocidad en la carretera. Vienen en el paquete de viaje. El mundo está lleno de ceños fruncidos. Te van a echar a un lado, dejar caer, herir, pegar patadas. *No puedes evitar que la gente te rechace, pero sí puedes evitar que los rechazos te pongan furioso.* ¿Cómo? Permite que la aceptación de Dios compense el rechazo de los otros.

Considéralo de esta forma. Imagínate que vives en un edificio de apartamentos muy alto. En la cornisa de tu ventana hay una margarita solitaria. Una mañana arrancas la margarita y la prendes en tu solapa. Como es la única planta que tienes, se trata de un gran evento y de una margarita especial.

Pero en cuando atraviesas la puerta, la gente empieza a arrancarle pétalos a tu flor. Alguien te roba el sitio en el metro. Se cae un pétalo. Un compañero hace un informe negativo sobre ti. Tres pétalos. Le dan el ascenso a una persona con menos experiencia pero que parece un modelo de revista. Más pétalos. Al final del día sólo te queda uno. Pobre del alma que se atreva a acercarse. Sólo falta un pétalo más para que explotes.

¿Y qué si alteramos un poquito la escena? Agreguemos un personaje más. El amable vecino de al lado tiene a la floristería de la esquina. Todas las noches, de camino a casa, para en tu apartamento con un ramo de flores frescas, no merecidas, pero irresistibles. No son las flores que le sobraron. Son arreglos de primera clase. No sabes por qué tiene tan alta opinión de ti, pero no te quejas. Gracias a él, tu apartamento tiene una delicada fragancia, y la entrada se ve preciosa. Qué cualquiera estropee tu margarita. ¡Tienes todo un ramo para reemplazarla!

Hay una gran diferencia. Y la interpretación es muy obvia.

Dios quiere llenar tu mundo con flores. Todos los días te pone un ramo en la puerta. ¡Ábrela! ¡Toma las flores! Entonces, cuando llegue el rechazo, no te quedarás corto de pétalos.

Dios te puede ayudar a librarte de tus enojos. Él hizo galaxias que nadie ha visto, y cañones que aún no hemos explorado. Dios es «el que sana todas tus dolencias» (Sal 103.2–3). ¿Crees que entre esas dolencias pudiera estar la aflicción del enojo?

¿Crees que Dios puede sanar tu corazón enojado?

¿Quieres que lo haga? Esta pregunta no tiene nada de truco. Él te hace la misma pregunta que le hizo al inválido: «¿Quieres ser sano?» (Jn 5.6). No todos quieren. Puede que seas un adicto al enojo. Tal vez el enojo ya sea parte de tu identidad. Pero si de verdad lo quieres, Él puede cambiar tu identidad. ¿Quieres que lo haga?

¿Tienes alguna mejor opción? ¿Cómo irte a vivir a una zona libre de rechazo? Si es así, disfruta tu vida en una isla desierta.

Toma las flores. Recibe de Él para que puedas amar o, al menos, estar a bien con otros.

Haz lo que hizo T. D. Terry. Hace muchos años, un trabajo con demasiada tensión le hacía explotar de enojo todos los días. Su hija, cuando le oyó hablar de esto años después, respondió sorprendida. «No recuerdo haberte visto enojado en ese tiempo».

El padre le preguntó si recordaba el árbol; el que estaba en el camino de entrada, entre la puerta y la casa. «¿Recuerdas que era muy alto? ¿Y que después perdió varias ramas? ¿Y que al final sólo quedaba un muñón?»

Ella se acordaba.

«Fui yo», le explicó T. D. «El árbol pagaba mis arranques de coraje. Le pegaba patadas, lo golpeé con un hacha, le arranqué ramas. No quería entrar en la casa lleno de rabia, así que dejaba mi ira en el árbol».[3]

Hagamos lo mismo. De hecho, vayamos un paso más lejos. En vez de castigar a un árbol en el patio con nuestro enojo, hagámoslo con el árbol en la colina. Deja tu enojo en el árbol del Calvario. Si los otros te rechazan, deja que Dios te acepte. Él no está enojado. Canta cuando te ve. Toma un gran sorbo de su amor sin límites, y relájate.

CAPÍTULO

NUEVE

UN CORAZÓN LLENO DE HERIDAS

El amor no guarda rencor.

1 Corintios 13.4 (NVI)

LOS PENSAMIENTOS DE HOY SON LAS ACCIONES DE MAÑANA.

LOS CELOS DE HOY SON LAS RABIETAS DE MAÑANA.

EL FANATISMO DE HOY ES EL CRIMEN DE ODIO DE MAÑANA.

EL ENOJO DE HOY ES EL ABUSO DE MAÑANA.

LA LUJURIA DE HOY ES EL ADULTERIO DE MAÑANA.

LA CODICIA DE HOY ES LA ESTAFA DE MAÑANA.

LA CULPA DE HOY ES EL MIEDO DE MAÑANA.

El *Pelícano* es el barco menos deseado del mundo. Desde 1986 ha sido el vagabundo de alta mar. Nadie lo quiere. Sri Lanka no lo quiere. Las Bermudas, tampoco. La República Dominicana no lo quiso recibir. Igual que Holanda, las Antillas y Honduras.

El problema no es el barco. Aunque está oxidado, este carguero de 142 metros (466 pies) puede navegar perfectamente.

El problema no son los propietarios, pues la licencia y los impuestos están al día.

El problema no es la tripulación. Puede que se sientan rechazados, pero son eficientes.

Entonces ¿cuál es el problema? ¿Por qué lo han rechazado durante años? Sri Lanka le dijo adiós. En Indonesia no lo dejaron entrar. Haití lo rechazó. ¿Por qué el *Pelícano* es el barco menos deseado del mundo?

La razón es muy simple: está lleno de basura. Quince mil toneladas de basura. Cáscaras de naranjas. Botellas de cerveza. Periódicos. Perros calientes a medio comer. Basura. La basura de Filadelfia del largo verano de 1986, cuando los empleados municipales se pusieron en huelga. Los montones de basura eran como montañas. Georgia la rechazó y Nueva Jersey también. Nadie quería la basura de Filadelfia.

Entonces el *Pelícano* entró en escena. Los propietarios pensaron que podrían hacer dinero rápido transportando la basura. Así que quemaron la basura y depositaron las cenizas en el fondo del barco. Pero nadie la recibía. Primero porque era demasiada. Luego por ser muy vieja. ¿Quién quiere basura potencialmente tóxica?[1]

La precaria condición del *Pelícano* es una prueba. Los barcos llenos de basura no hacen amigos fácilmente. La precaria condición del *Pelícano* es también una parábola. A los corazones llenos de basura no les va mucho mejor.

¿Hay alguna relación entre tu vida y el *Pelícano*? ¿Nadie te quiere? ¿Vas a la deriva entre amigos y familia? Si es así, te convendría ver si tienes basura en el corazón. ¿Qué puerto querría acoger a un corazón maloliente?

La vida nos vacía la basura en la cubierta. Tu marido trabaja demasiado. Tu esposa se queja demasiado. Tu jefe espera demasiado de ti. Tus hijos lloran demasiado. ¿Cuál es el resultado? Basura. Cargas y cargas de enojo. De culpa. De pesimismo. Amargura. Fanatismo. Ansiedad. Engaño. Impaciencia. Todo se va amontonando.

La basura nos afecta. Contamina nuestras relaciones. Eso fue lo que le pasó a Caín. Antes de tener sangre en las manos, tuvo enojo en la mente. ¿Y Marta? Primero se entrometió con su actitud antes de ponerse a pelear con la lengua. ¿Y qué de los fariseos? Mataron a Cristo en sus corazones antes de matarlo en la cruz.

Puedes estar seguro de esto: Los pensamientos de hoy son las acciones de mañana.

Los celos de hoy son las rabietas de mañana.
El fanatismo de hoy es el crimen de odio de mañana.
El enojo de hoy es el abuso de mañana.
La lujuria de hoy es el adulterio de mañana.
La codicia de hoy es la estafa de mañana.
La culpa de hoy es el miedo de mañana.

Los pensamientos de hoy son las acciones de mañana. ¿Podría ser por esto que Pablo escribió: «El amor no guarda rencor» (1 Co 13.4 NVI)? Si dejas la basura a bordo, la gente la va a oler. Las tribulaciones del *Pelícano* empezaron con la primera pala de basura.

La tripulación debió haberla devuelto de entrada. La vida hubiera sido más fácil para todos los que estaban abordo si no hubieran permitido que la basura se acumulara.

La vida sería mejor si hicieras lo mismo.

Hay gente que no sabe que tenemos una opción. Por nuestra forma de hablar, cualquiera diría que somos víctimas de nuestros pensamientos. «No me hables», decimos. «Estoy de mal humor». Como si el humor fuera un lugar al que nos asignan («No puedo llamarte. Estoy en Bosnia»), en lugar de una emoción que permitimos.

O decimos: «Mejor ni le hables. Amaneció de malas». ¿Acaso «estar de malas» es algo que «tenemos»? ¿Igual que un resfriado o una gripe? ¿Somos víctimas de las bacterias emocionales de la temporada o tenemos alguna opción?

Pablo opina lo segundo: «Llevando cautivo todo pensamiento a la obediencia a Cristo» (2 Co 10.5).

¿Puedes percatarte de la jerga de campo de batalla que hay en este pasaje: «Llevar cautivo todo pensamiento» y «obediencia a Cristo»? Nos da la impresión de que nosotros somos los soldados y los pensamientos son los enemigos. Nuestra tarea es proteger el barco y negar la entrada de pensamientos basura. En cuanto aparecen en el muelle tenemos que entrar en acción. Tenemos que declarar: «Este corazón le pertenece a Dios y tú no vas a subir a bordo hasta que no cambies de dueño».

Egoísmo, ¡quédate atrás! Envidia, ¡piérdete! Vete a buscar otro barco. Enojo, ¡no tienes permiso para entrar en este barco! Detener los pensamientos es algo muy serio.

También lo fue para Jesús. ¿Recuerdas los pensamientos que le vinieron a la mente cortesía de la boca de Pedro? Jesús acababa de profetizar su muerte y resurrección, pero Pedro no soportó la idea. «Entonces Pedro, tomándolo aparte, comenzó a reconvenirle, diciendo: Señor, ten compasión de ti; en ninguna manera esto te acontezca. 23Pero él, volviéndose, dijo a Pedro: ¡Quítate de delante de mí, Satanás!; me eres tropiezo, porque no pones la mira en las cosas de Dios, sino en las de los hombres» (Mt 16.22–23).

¿Ves lo decidido que estaba Jesús? Le viene a la mente un pensamiento basura. Se ve tentado a hacerle caso. La vida sería muy agradable sin la cruz. Pero ¿qué hace? Se para en la pasarela del muelle y dice: «Quítate de delante de mí». Como diciendo: «No te permito que entres en mi mente».

¿Qué pasaría si hicieras lo mismo? ¿Qué ocurriría si tomaras cautivo todo pensamiento? ¿Y qué si rechazaras toda basura que quisiera entrar en tu mente? ¿Qué sucedería si siguieras el consejo de Salomón: «Sobre toda cosa guardada, guarda tu corazón; porque de él emana la vida» (Pr 4.23)?

Vas manejando camino al trabajo, cuando recuerdas las palabras de uno de tus compañeros. Estuvo haciendo comentarios sobre tu rendimiento. Cuestiona tu eficiencia. ¿Por qué fue tan duro contigo? Comienzas a cuestionarte. *No me merezco nada de esto. ¿Quién es él para criticarme? Además, tiene un gusto pésimo. ¿Te has fijado en sus zapatos?*

Al llegar a este punto necesitas tomar una decisión. *¿Voy a seguir con esta lista de cosas negativas?* Puedes hacerlo. En la pasarela de la autocompasión están sus siete hermanas. Quieren subir abordo. ¿Se lo vas a permitir? Si lo haces, cuando llegues a la oficina vas a oler tan mal como el *Pelícano*.

Pero tienes otra opción. Llevar cautivos esos pensamientos. Puedes desafiar al culpable. Si lo necesitas, cita algún versículo: «Bendecid a los que os persiguen; bendecid y no maldigáis» (Ro 12.14).

Otro ejemplo. Estás tan enojado con tus padres que no puedes dormir. Quieres dormir, pero por la llamada de esta tarde no puedes. Como siempre, lo único que hicieron fue criticarte. Ni un cumplido. Ni un aplauso. Sólo críticas. ¿Por qué no estás casado? ¿Cuándo vas a venir a visitarnos? ¿Por qué no tienes un buen trabajo en un banco, como tu primo Luis? Grrrr. ¿Ves al tipo que está al final de la pasarela? ¿El de la chaqueta oscura? Es un juez de la corte de actitudes críticas. Un juez mental. Déjale subir a bordo, y los dos se pueden pasar la noche repasando veredictos de culpabilidad. Tú puedes ponerle nombre y codificar todos los errores de tus padres. ¿Les vas a permitir que suban? Querido amigo, eso sería correr un gran riesgo. Por la mañana vas a oler tan mal como un basurero.

Recuerda, el hecho de que haya basura en el muelle no significa que tenga que haber basura en tu barco. Tú no eres víctima de tus pensamientos. Tienes voz y voto. Puedes impedirle la entrada a los pensamientos. O permitírsela.

¿Qué se puede hacer para cambiar la grave situación del *Pelícano*? Cambiar el cargamento. Llenar las cubiertas de flores en vez de basura, regalos en vez de ceniza, y nadie enviaría el barco de vuelta. Cambiar el cargamento es cambiar el barco.

De igual manera, si cambias los pensamientos, cambias a la persona. Si los pensamientos de hoy son las acciones de mañana ¿qué pasa si llenamos nuestra mente de pensamientos sobre el amor de Dios? ¿Será que recibir su gracia hará cambiar nuestra forma de pensar sobre otros?

¡Pablo lo afirma rotundamente! No basta con mantener la basura afuera. Tenemos que abrir la puerta a las cosas buenas. No basta con no guardar rencor. Tenemos que cultivar una lista de bendiciones. El mismo verbo que Pablo usa para *guardar* en «no guarda rencor» se usa para *pensar* en Fil 4.8: «En cuanto a lo demás, hermanos, todo lo que es verdadero, todo lo honorable, todo lo justo, todo lo puro, todo lo amable, todo lo que es de buen nombre, si hay virtud alguna, si hay algo que merece alabanza, en esto pensad». *Pensar* conlleva la idea de ponderar, estudiar y enfocarse; permitiendo que nos impacte lo que vemos.

En vez de almacenar lo amargo, almacenemos lo dulce.

¿Quieres hacer una lista? Entonces haz una lista de sus misericordias. Haz una lista de todas las veces que Dios te ha perdonado. Párate frente a los pies de tu Salvador crucificado, y ora así: «Jesús, si eres capaz de perdonarme por haberte herido, entonces yo puedo perdonar a los que me han herido a mí». Tú no merecías que te hirieran. Pero tampoco mereces que Él te perdone.

Pero, Max, soy una persona decente. Nunca he hecho nada que hiera a Cristo. Ten cuidado. Si piensas así, puedes tener problemas. ¿De verdad crees que no has hecho nada que pueda herir a Cristo?

¿Alguna vez has sido deshonesto con su dinero? Eso es engañarlo.

¿Tu amor por la carne o la fama te ha apartado de Él? Eso es adulterio.

¿Alguna vez has dicho una palabra con coraje con la intención de herir a alguien? Según las leyes celestiales, eres culpable de asalto.

¿Alguna vez te has quedado callado mientras se burlaban de Jesús? ¿No te parece que eso es traición?

¿Alguna vez has ido a la iglesia para ser visto en vez de para verlo a Él? Hipócrita.

¿Alguna vez has roto una promesa hecha a Dios? Eso es un engaño, algo serio.

¿Hace falta que sigamos? Sólo seis preguntas, unos cuantos renglones en el papel y mírate. Eres culpable de ser deshonesto, de adulterio, asalto, traición, hipocresía y engaño. Una lista digna de condenación. ¿No crees que mereces ser castigado? Pero aquí estás. Leyendo este libro. Respirando. Sigues viendo puestas de sol y a bebés sonrientes. Sigues viendo el cambio de las estaciones. No tienes latigazos en la espalda ni ganchos en la nariz ni grilletes en los pies. Parece que Dios no lleva una lista de tus errores. Parece que David sabía lo que estaba diciendo: «[Dios] no ha hecho con nosotros conforme a nuestras iniquidades, ni nos ha pagado conforme a nuestros pecados» (Sal 103.10). Y a eso se refería al orar con estas palabras: «Oh Jehová, si tienes presente los pecados, ¿quién podrá, oh Señor, mantenerse en pie?» (Sal 130.3)

Escucha esto: No es que te hayan rociado de perdón. No es que te hayan salpicado de gracia. No es que te hayan cubierto del polvo de la bondad, es que te han dado un baño de todo ello. Estás sumergido en la misericordia. Eres un pececillo en el océano de su misericordia. ¡Deja que esto te cambie! ¿Acaso el amor de Dios no hace por ti lo mismo que hizo por la mujer samaritana?

Estamos hablando de una mujer que sí tendría una buena lista. Número uno: discriminación. Es samaritana, odiada por los judíos. Número dos: prejuicio por su sexo: es una mujer, despreciada por los hombres. Tres: está divorciada, y no una ni dos veces. ¿Cómo sale la cuenta? ¿Cuatro? ¿Cinco? Cinco matrimonios fracasados. Y ahora se acuesta con un tipo que no le pondrá un anillo en el dedo.

Cuando hago toda esta cuenta me imagino a una mujer sentada en el taburete de un bar, a punto de volverse loca. Voz ronca, aliento a tabaco y un vestido escotado arriba y corto abajo. Ciertamente no es lo más fino de Samaria. Nunca se te ocurriría ponerla a cargo de la clase bíblica para damas.

Por eso lo que Jesús hace nos parece tan sorprendente. No sólo la pone a cargo de esa clase, sino de evangelizar toda la ciudad. Antes de que acabe el día toda la ciudad ha oído hablar de un hombre que afirma ser Dios. «Me dijo todo lo que he hecho» (Jn 4.39), les dice, sin expresar lo obvio: «y me amó a pesar de todo».

Un poco de lluvia puede cambiar el tallo de una flor. Un poco de amor puede cambiar una vida. Quién sabe cuando fue la última vez que a esta mujer se le había confiado alguna responsabilidad y ¡mucho menos las mejores noticias de la historia! De hecho, sigue leyendo Juan 4, y harás un sorprendente descubrimiento. ¡Es misionera de Jesús! Precede a los más notables. El linaje de Pedro y Pablo, San Patricio y San Francisco de Asís puede remontarse a una mujerzuela que se sintió tan sobrecogida por Cristo que tuvo que hablar.

Otro *Pelícano* fumigado para siempre. ¿Por qué?

No sólo por lo que hizo Jesús, aunque fue algo grandioso. Sino porque ella se lo permitió. Ella lo invitó a subir a bordo. Ella le permitió darle su amor. Le permitió que cambiara su cargamento. Él se la encontró llena de basura y la dejó llena de gracia. Ella y Zaqueo y el apóstol Pablo y la mujer de Capernaum y millones de otros, lo invitaron a la bodega de sus corazones.

Ella no tenía que hacerlo.

Ellos no tenían que hacerlo.

Tú tampoco tienes que hacerlo.

Esta es la verdad.

Te puedes quedar con tus largas listas y tu cargamento maloliente. E ir a la deriva de puerto en puerto.

Pero ¿por qué harías eso? Deja que el *Pelícano* se quede con los mares profundos.

Tu capitán tiene planes mejores para ti.

CAPÍTULO

DIEZ

LA PRUEBA DEL AMOR

El amor no se deleita en la maldad
sino que se regocija con la verdad.

1 Corintios 13.6 (NVI)

¿NO ES BUENO SABER QUE AUNQUE NOSOTROS NO AMAMOS CON UN AMOR PERFECTO, ÉL SÍ?

No tenía en mente salir a trotar cuando llegamos al hotel. Está oscuro. Waco, Texas, estaba ventoso y frío. La excursión estaba divertida pero esta era la tercera ciudad que visitábamos en tres días. Me sentía más que feliz de meterme en la cama. Sin embargo, una buena noche de sueño cambió las cosas. Y también la soleada y tibia mañana. Me amarré las zapatillas deportivas, saludé con la mano al recepcionista y salí a descubrir el vecindario.

Correr en pueblos desconocidos puede ser un tanto difícil. Una vez pasé tres horas viendo partes de Fresno que la mayoría de sus habitantes no conocían. Así que, para no perderme, me mantengo en una calle. Para arriba y para abajo.

El camino de regreso al hotel me pareció más largo, pero lo achaqué a mi mala condición física. Al llegar al vestíbulo me percaté del buffet de desayuno. Uno de esos donde todo es gratis, y tú te preparas las tostadas y te calientas la avena. *Perfecto,* pensé, preguntándome por qué no había visto la comida.

Me llené la bandeja, comí y me levanté para servirme más, cuando oí hablar a una pareja de brasileños. Mi familia y yo vivimos en Brasil durante cinco años. No pude resistirme a una buena conversación. «*Bom dia*», les dije. Hablamos sobre el país, la economía, les conté el único chiste que recordaba en portugués. Me invitaron a sentarme con ellos. «Voy a buscar otra taza de café y regreso», les respondí. Regresé y me senté. No sólo traía más café, sino también más tostadas.

Cuando me levanté para marcharme, volví a pasar por la comida y, me creas o no, aún seguía con hambre. *No importa,* pensé. Calculé las calorías quemadas corriendo y llegué a la conclusión de que estaba bien. Así que llené un plato con avena y decidí comerlo en mi habitación.

Pasé derecho por el vestíbulo, doblé a la derecha en el primer pasillo, pasé por la piscina climatizada (h'm, anoche no me di cuenta de que había una piscina), y llegué a la primera puerta a la derecha. Pero algo no andaba bien. Mi llave no abría la puerta. Lo intenté por segunda vez. Nada. Miré el número de la habitación. *Un momento, ¡esta no es mi habitación!*

Regresé. Caminé por el pasillo. Pasé la piscina. (¿Cómo es que no me fijé en esa piscina?) De vuelta a la recepción. Pasé por el buffet de desayuno. Le sonreí a la encargada. Seguro que quiere saber adónde voy con la comida. Salí por la puerta principal y fui al estacionamiento. Y miré las letras de encima de la puerta de entrada. *¡Este no es mi hotel! ¿Dónde está mi hotel?* Miré a la derecha. Luego a la izquierda. ¡Ahí estaba! Justo al lado. ¿A que ya sabes lo que me pasó? Cuando estaba corriendo, me pasé mi hotel y entré en este otro. ¿Qué más podía hacer aparte de encogerme, cruzar el estacionamiento y subir a mi habitación? (Me llevé la avena conmigo. No creo que la hubieran aceptado de vuelta).

Había pasado una hora en un hotel equivocado. En el vestíbulo, charlando con los huéspedes, comiendo y bebiendo. Incluso le dije a la encargada que me gustaba la decoración. Durante una hora estuve en un hotel equivocado. ¿Y sabes una cosa?

Me *sentí* como si estuviera en el lugar correcto. Si me hubieras preguntado qué hacía comiendo gratis en un hotel equivocado, te hubiera mirado como si llevaras ropa de *hockey* en el Amazonas. «Estás loco»

Ni una sola vez alcé la cabeza, fruncí las cejas y pensé: *Este lugar se ve raro.* No, no lo hice. Yo me *sentía* bien. Pero mis sentimientos no eran correctos. La llave de mi cuarto me probó lo contrario. El número de la habitación probó lo contrario. Si le hubieran preguntado a la encargada, ella también habría probado lo contrario. No importa lo mucho que sintiera que estaba en el lugar correcto, no lo estaba. Y ni una montaña de sentimientos podía cambiar eso.

Me pregunto si alguna vez has cometido el mismo error? No con un hotel, sino con el amor. ¿Alguna vez has tomado decisiones concernientes a tus relaciones, basándote en tus sentimientos en vez de los hechos? Cuando se trata del amor, los sentimientos están a la orden del día. Las emociones guían el barco. Las mariposas en el estómago toman las decisiones. Pero, ¿debería ser así? ¿Podemos fiarnos de los sentimientos? ¿Puede una relación parecer correcta sin serlo? Muchos están asintiendo con la cabeza.

Una madre soltera asiente.

Un estudiante universitario con el corazón roto asiente.

Un hombre que se enamoró de una figura capaz de provocar que doce autos choquen, asiente.

Los sentimientos te pueden engañar. Ayer hablé con una adolescente que se sentía asombrada ante la falta de sentimientos que tiene por un muchacho. Antes de que empezaran a salir, estaba loca por él. Pero en cuanto él mostró interés por ella, ella perdió el suyo.

También se me ocurre pensar en una joven mamá. Tener hijos no es tan romántico como ella pensaba. Cambiar pañales y darle de comer a media noche no es nada divertido. Y encima se siente culpable por tener esos sentimientos. *¿Me falta amor?*, se pregunta.

¿Cómo responderías a esas preguntas? ¿Alguna vez has deseado tener una forma de evaluar la calidad de tus sentimientos? ¿Una prueba de DNA para el amor? Pablo nos ofrece uno: «El amor no se deleita en la maldad sino que se regocija con la verdad» (1 Co 13.6 NVI). En este versículo se basa la prueba del amor.

¿Quieres separar la fantasía de los hechos, lo falso de lo verdadero? ¿Quieres saber si lo que sientes es amor auténtico? Hazte la pregunta:

¿Estoy alentando a esta persona a hacer lo correcto? Porque el amor verdadero «no se deleita en la maldad sino que se regocija con la verdad» (1 Co 13.6).

Por ejemplo, una señora llama a otra y le dice:

—Somos amigas, ¿verdad?

—Sí, somos amigas.

—Si mi marido te pregunta, dile que anoche fuimos juntas al cine.

—Pero eso no es verdad.

—Ya lo sé, pero es que estuve, bueno, estuve con otro hombre y... hey, tienes que ayudarme con esto. ¿Lo harás? Somos amigas, ¿verdad? Más que hermanas, ¿no es cierto?

¿Pasaría esta persona la prueba? No hay manera. La llave de la habitación no funciona. El amor no le pide a nadie que haga algo incorrecto. ¿Cómo lo sabemos? «El amor no se deleita en la maldad sino que se regocija con la verdad».

Si te sorprendes empujando a otros hacia el mal, presta atención a la voz de alarma. Eso no es amor. Y si otros te empujan a ti, ten cuidado. Comprueba que tienes la llave de la habitación correcta.

Este es un ejemplo. Uno clásico. Una joven pareja está en una cita. El afecto físico que le demuestra el chico le hace sentirse incómoda. Ella se resiste, pero él trata de persuadirla usando la frase más vieja del libro: «Pero yo te amo. Sólo quiero tenerte cerca. Si en verdad me amas...»

¿Oyes una sirena? Es un detector de amor falso. El muchacho no la ama. Puede que quiera tener relaciones sexuales. Puede que le guste su cuerpo. Puede que quiera presumir ante sus amigos acerca de su conquista, pero no la ama a ella. El verdadero amor nunca le dice al «amado» que haga lo que él o ella considera que está mal.

El amor no echa por tierra las convicciones de otros, sino todo lo contrario.

«El amor edifica» (1 Co 8.1).

«El que ama a su hermano permanece en la luz, y en él no hay tropiezo» (1 Jn 2.10).

«De esta manera, pues, pecando contra los hermanos e hiriendo su débil conciencia, contra Cristo pecáis» (1 Co 8.12).

¿Quieres saber si tu amor por alguien es verdadero? ¿Si tu amistad es genuina? Comprueba que la llave de la habitación es la correcta. Pregúntate a ti mismo: ¿Estoy influyendo en esta persona para que haga lo correcto?

Si la respuesta es afirmativa, sírvete un cafecito. Estás en el hotel correcto. Sin embargo, si quieres estar más seguro, responde también esta pregunta:

¿Aplaudo lo que es correcto? Recuerda que el amor «se regocija con la verdad» (1 Co 13.6).

El verano antes de pasar a octavo grado me hice amigo de un muchacho llamado Larry. Acababa de llegar a nuestra ciudad, así que le animé a participar en el equipo de fútbol de la escuela. Le dije que allí podría conocer más chicos, y como era corpulento, quizás hasta podría llegar a formar parte del equipo. Aceptó mi propuesta.

El resultado fue una mezcla de buenas y malas noticias. La buena noticia fue que lo logró. Y la mala noticia fue que... le dieron mi puesto. Me bajaron al segundo grupo. Traté de alegrarme por él, pero en verdad fue duro.

Cuando ya llevábamos unas cuantas semanas en la temporada, Larry se cayó de una moto y se rompió un dedo. Aún recuerdo el día que vino a mi casa con la mano vendada. «Parece que te va a tocar jugar».

Traté de sentir lástima por él, pero me costó. A Pablo le dio menos trabajo escribir el pasaje que a mí practicarlo. «Gozaos con los que se gozan; llorad con los que lloran» (Ro 12.15).

¿Quieres medir la profundidad de tu amor por alguien? ¿Cómo te sientes cuando esa persona tiene éxito? ¿Te alegras o sientes celos? ¿Y cuando tropieza o cae? ¿Cuándo algo le sale mal? ¿Lo lamentas de verdad? ¿O en el fondo te alegras?

El amor nunca celebra la adversidad. Nunca. Me gusta la traducción de este pasaje que hace Eugene Peterson: «El amor no se deleita cuando otros se están arrastrando, [sino que] se deleita cuando florece la verdad». J. B. Phillips también lo describe muy bien: «El amor no se regodea ante la maldad de otra gente. Por el contrario, comparte la alegría de los que viven con la verdad».

Sabrás que tu amor es verdadero si lloras con los que lloran y te alegras con los que se alegran. Sabrás que tu amor es verdadero si sientes por otros lo mismo que sentía Catherine Lawes por los internos de la prisión de Sing Sing. Cuando a su marido, Lewis, lo nombraron alcaide en 1921, ella era una joven madre de tres hijas. Todo el mundo le aconsejó que no pusiera un pie al otro lado de las verjas. Pero ella no hizo caso. Cuando se jugó el primer partido de baloncesto en la prisión, allí estaba ella en las gradas, con las tres niñas, sentada con los prisioneros.

En una ocasión dijo: «Mi marido y yo vamos a cuidar de estos hombres, y ¡creo que ellos me van a cuidar a mí! No tengo por qué preocuparme».

Cuando se enteró de que un asesino convicto era ciego, le enseñó Braille para que pudiera leer. Al enterarse de otros que tenían problemas de sordera, estudió el lenguaje de señas para comunicarse con ellos. Durante dieciséis años Catherine Lawes logró ablandar los duros corazones de los hombres de Sing Sing. En 1937 el mundo vio cómo el amor verdadero hace la diferencia.

Los prisioneros se dieron cuenta que algo andaba mal cuando Lewis Lawes no fue a trabajar. Rápidamente se corrió la voz de que Catherine había muerto en un accidente automovilístico. Al día siguiente llevaron su cuerpo a su casa, a casi dos kilómetros de la prisión. Cuando el alcaide interino estaba haciendo su ronda matutina, notó que había un gran grupo de personas en la entrada principal. Todos los prisioneros se apiñaban contra la cerca. Todos tenían los ojos llenos de lágrimas. Rostros solemnes. Nadie hablaba ni se movía. Habían ido hasta allá para acercarse lo más posible a la mujer que les había dado amor.

El alcaide tomó una decisión extraordinaria. «Muy bien, les permito salir. Sólo asegúrense de regresar esta noche». Estamos hablando de los peores criminales de los Estados Unidos. Asesinos. Ladrones. Eran hombres que la nación había encerrado de por vida. Pero el centinela abrió el portón y, sin escolta ni guardianes, se dirigieron a la casa de Catherine Lawes para presentarle sus últimos respetos. Y sin faltar ni uno, todos regresaron.[1]

El verdadero amor cambia a la gente.

¿No te ha cambiado el amor de Dios? ¿No eras ciego como el prisionero? No podías ver más allá de la tumba. No le veías ningún sentido a la vida hasta que Él te lo mostró. Tampoco oías. Es decir, tus oídos funcionaban, pero tu corazón no entendía. Nunca oíste hablar de tal amor y bondad, ni nunca lo hubieras oído, pero Dios te habló en tu idioma. Y sobre todo, te liberó. ¡Eres libre! Libre para salir corriendo si quieres. Para endurecer tu corazón. Para vagar por la calle, escondiéndote detrás de los basureros. Pero no lo haces. O si lo haces, siempre regresas. ¿Por qué?

Porque nunca antes te habían amado así.

Dios pasa la prueba de 1 Co 13.6. ¿Quiere lo mejor para ti? «Dios no tienta a nadie» (Stg 1.13). Todas las acciones celestiales tienen un objetivo: que conozcas a Dios. «Y de una sangre ha hecho todo el linaje de los hombres, para que habiten sobre toda la faz de la tierra; ... para que busquen a Dios, si en alguna manera, palpando, puedan hallarle» (Hch 17.26–27).

¿Y acaso Dios se alegra cuando haces lo correcto? Claro que sí. «Jehová se complace en los que le temen, y en los que esperan en su misericordia» (Sal 147:11). ¿Crees que llora contigo? ¡Por supuesto que sí! Él es el «bendito sea el Dios y Padre de nuestro Señor Jesucristo, Padre de misericordias y Dios de toda consolación, quien nos consuela en todas nuestras tribulaciones» (2 Co 1.3–4).

¿Quieres saber lo que es el amor? «En esto consiste el amor: no en que nosotros hayamos amado a Dios, sino en que él nos amó a nosotros, y envió a su Hijo en propiciación por nuestros pecados» (1 Jn 4.10).

Dios pasa la prueba. Bueno, es lógico, Él la diseñó.

¿Adónde nos lleva todo esto? Tal vez a tres recordatorios. Cuando de amor se trata:

Ten cuidado. Asegúrate de estar en el hotel correcto. Antes de caminar por el pasillo, échale un buen vistazo a tu alrededor.

Asegúrate de que este es el lugar que Dios quiere para ti. Y si sospechas que no lo es, entonces sal de ahí. No fuerces lo que está mal, tratando de enderezarlo. Imagínate que hubiera hecho esto en el hotel. ¿Te imaginas que le hubiera exigido al encargado que cambiara la cerradura y los números de la puerta? Como quiera hubiera estado en el lugar equivocado. Ten cuidado.

Y, hasta que se presente el verdadero amor, deja que el amor de Dios sea suficiente para ti. Hay épocas de la vida en que Dios nos permite experimentar la fragilidad del amor humano para que apreciemos más la fuerza de su amor. ¿No es eso lo que hizo con David? Saúl lo atacó. Mical, su esposa, lo traicionó. Jonatán y Samuel eran amigos de David, pero no pudieron acompañarlo al desierto. David se vio solo debido a la traición y a las circunstancias. Sólo con Dios. Y David descubrió que Dios era suficiente. David escribió estas palabras en un desierto: «Porque mejor es tu misericordia que la vida; mi boca te alabará con labios de júbilo» (Sal 63.3, 5).

Ora sin cesar. ¿Qué pasa si ya es demasiado tarde? Concretamente, ¿qué pasa si estás casado con alguien a quien no amas, o que no te ama a ti? Muchos toman la decisión de separarse. Puede que ese sea el paso que des. Pero si es así, da por lo menos otros mil pasos antes. Y baña en oración cada uno de esos pasos. El amor es uno de los frutos del Espíritu Santo. Pídele a Dios que te ayude a amar del mismo modo que Él ama. «El amor de Dios ha sido derramado en nuestros corazones por el Espíritu Santo que nos ha sido dado» (Ro 5.5). Pídele a alguien que ore por ti. Tus amigos. Tu familia. Los líderes de tu iglesia. Escribe tu nombre en todas las listas de oración que encuentres. Y sobre todo, ora por y, si es posible, con tu esposo o esposa. Pídele al mismo Dios que resucitó a los muertos, que resucite las ascuas de tu amor.

Sé agradecido. Sé agradecido por los que te aman. Sé agradecido por los que te han animado a hacer lo correcto, y te han aplaudido al hacerlo. ¿Hay gente así en tu mundo? Si ese es tu caso, tienes una doble bendición. Da gracias por ellos. Y sobre todo, sé agradecido con tu Padre celestial. Él pasa la prueba sin problemas.

¿No es bueno saber que aunque nosotros no amamos con un amor perfecto, Él sí? Dios siempre nos nutre de cosas buenas. Aplaude ante lo que es correcto. Nunca ha hecho nada malo, ni llevado a nadie a hacer mal, ni se alegra si alguien hace mal. Porque Él es amor, y el amor «el amor no se deleita en la maldad sino que se regocija con la verdad» (1 Co 13.6 NVI).

CAPÍTULO

ONCE

EL AMOR ES UN PAQUETE COMPLETO

El amor todo lo disculpa, todo lo cree,
todo lo espera, todo lo soporta.

1 Corintios 13.7 (NVI)

¿HASTA CUÁNDO OS HE DE SOPORTAR?

LAS ACCIONES DE JESÚS RESPONDÍAN A ESTA PREGUNTA,
PLANTEADA POR ÉL MISMO... HASTA QUE CANTE EL GALLO,
Y EL SUDOR APESTE, Y EL MAZO GOLPEE, Y UNA LEGIÓN
DE DEMONIOS LE SONRÍA CON DESDÉN A UN DIOS AGONIZANTE.
¿HASTA CUÁNDO? HASTA QUE CADA PECADO SE EMPAPE DE MI ALMA
SIN PECADO Y EL CIELO SE VUELA HORRORIZADO
Y MIS LABIOS HINCHADOS PRONUNCIEN LA ÚLTIMA TRANSACCIÓN:
«CONSUMADO ES» ¿HASTA CUÁNDO? HASTA DAR MI VIDA.

Mis padres no eran muy aficionados a los restaurantes. En parte por la selección que había en nuestra pequeña ciudad. Dairy Queen ofrecía el menú gourmet, y todo lo demás, de ahí para abajo. Sin embargo, la razón principal era el sentido práctico. ¿Por qué comer fuera si puedes estar en casita? Los viajes a los restaurantes eran sólo los domingos y una o dos veces al mes. Es gracioso que ahora que soy papá la filosofía sea justo la contraria. ¿Por qué quedarse en casa cuando puedes salir? (Les decimos a nuestras hijas que es hora de comer, y se dirigen al garaje.)

Pero cuando era niño, solíamos comer en casa. Y cada vez que comíamos en casa, mi madre nos daba a mi hermano y a mí las mismas instrucciones: «Sírvanse un poco de todo».

No hacía falta que nos dijeran que nos comiéramos todo. La cantidad no era problema, sino la variedad. No me malinterpretes. Mi madre cocinaba bien, pero ¿ocra hervida? ¿Espárragos? ¿En verdad esto fue creado para que los humanos lo comieran?

Según mi mamá, sí y, según mi mamá, había que comérselos. «Coman un poco de todo». Esa era la regla de nuestra casa.

Pero no la de la cafetería. En ocasiones especiales manejábamos cuarenta y cinco minutos para llegar a la mayor innovación culinaria desde que se inventó la estufa de gas: la fila de autoservicio en la cafetería. ¡Ah! Qué momento tan especial era tomar una bandeja y contemplar las interminables opciones en el trayecto.

Era un auténtico cuerno de la abundancia de la alta cocina. Caminas, intoxicado por la gran oferta y liberado por la libertad. Sí al pescado frito, no a los tomates fritos. Sí a la tarta de nueces; no, no, y mil veces no a la ocra y los espárragos. Las filas de autoservicio en las cafeterías son maravillosas.

¿No sería genial que el amor fuera como una de estas cafeterías? ¿Cómo sería poder mirar a la persona con la que vives y elegir lo que quieres y pasar lo que no quieres? ¿Qué pasaría si los padres pudieran hacer eso con sus hijos? «Me sirvo un plato de buenas notas y de sonrisas tiernas, y dejo las crisis de identidad de la adolescencia, y los gastos de la universidad».

¿Cómo sería si los chicos pudieran hacer lo mismo con los padres? «Por favor, sírvame una ración de permisos y libertad, pero nada de reglas o toques de queda. Gracias».

¿Y entre esposa y esposo? «¿Qué tal un plato de buena salud y buen humor. Pero los cambios de empleo, los suegros y lavar la ropa no forma parte de mi dieta».

¿No sería también genial que el amor fuera como una cafetería autoservicio? Sería más fácil. Sería más agradable. Sería menos doloroso y más tranquilo. Pero ¿sabes una cosa? No sería amor. El amor no acepta sólo unas cuantas cosas. El amor es la disposición a aceptar todas las cosas.

«El amor todo lo disculpa, todo lo cree, todo lo espera, todo lo soporta» (1 Co. 13.7 NVI).

El apóstol está buscando una cinta para envolver uno de los textos más dulces de todas las Escrituras. Me imagino el rostro curtido del apóstol haciendo una pausa en el dictado: «Tengo que pensar un momento». Comprueba y repasa la lista. «A ver: paciencia, bondad, envidia, arrogancia. Ya hemos mencionado rudeza, egoísmo, enojo, perdón, mal y verdad. ¿Tengo todo? Ah, eso es, todo. Escribe eso. "El amor todo lo disculpa, todo lo cree, todo lo espera, todo lo soporta"».

Pablo nunca fue mejor orfebre de palabras que cuando le dio forma a esta frase. Escucha el ritmo en que fue escrito originalmente: *panta stegei, panta pisteuei, panta elpigei, panta upomenei.*

(Si alguien te pregunta qué haces, diles: «Estoy leyendo griego». Pero dilo en forma humilde, porque el amor no es arrogante.) ¿Viste que la palabra *panta* aparece cuatro veces?

En español y en inglés hay palabras que contienen *panta*. *Panteísmo* es la creencia de que Dios está en todas las cosas. Un *pantry* es un armario donde, con suerte, se puede guardar todo tipo de cosas. Una *panacea* es un remedio universal. Y un *panopia* es un surtido de todo tipo de cosas. *Panta* significa «todas las cosas».

La perspectiva que tiene Dios del amor es como la de mi mamá sobre la comida. Cuando amamos a alguien, tenemos que tomar todo el paquete. No podemos rebuscar y escoger. No podemos servirnos mucho de lo bueno e ignorar lo malo. El amor es un paquete completo.

Pero, ¿cómo podemos amar a quienes nos cuesta trabajo amar?

El apóstol Pablo se enfrentó a esa misma pregunta. De hecho, esa es la razón por la que tenemos esta epístola. La iglesia que él comenzó en el sur de Grecia se estaba tambaleando. Cuando de unidad se trataba, los miembros de la iglesia de Corinto estaban en pañales. El apóstol apenas acaba de empezar a escribir, cuando dice:

> Os ruego, pues, hermanos, por el nombre de nuestro Señor Jesucristo, que habléis todos una misma cosa, y que no haya entre vosotros divisiones, sino que estéis perfectamente unidos en una misma mente y en un mismo parecer. Porque he sido informado acerca de vosotros, hermanos míos, por los de Cloé, que hay entre vosotros contiendas. (1 Co 1.10–11)

La palabra griega para *contiendas* también se usa para describir batallas en la guerra. La congregación de Corinto estaba en guerra. ¿Por qué? No podían ponerse de acuerdo en cuánto a quién debía ser el líder. «Quiero decir, que cada uno de vosotros dice: Yo soy de Pablo; y yo de Apolos; y yo de Cefas; y yo de Cristo» (v. 12).

Los miembros de la iglesia tenían sus líderes favoritos. Algunos preferían a Pablo, el fundador de la iglesia. A otros les gustaba

Apolo, un orador muy dinámico. Algunos preferían a Pedro, uno de los apóstoles originales. Algunos lo seguían a él, y otros eran felices siguiendo sólo a Jesús. La congregación se había dividido en cuatro grupos: los pablistas, apolistas, pedristas y los Jesusistas. En cuestión de unidad, los miembros de la iglesia andaban bastante mal.

Y en cuestión de moralidad, la iglesia estaba fuera de control. Pablo escribe:

> De cierto se oye que hay entre vosotros fornicación, y tal fornicación cual ni aun se nombra entre los gentiles; tanto que alguno tiene la mujer de su padre. 2Y vosotros estáis envanecidos. ¿No debierais más bien haberos lamentado, para que fuese quitado de en medio de vosotros el que cometió tal acción? (1 Co 5.1–2)

Pablo no sabe qué es peor, las actividades de los hombres o la apatía de la iglesia.

Uno de los hombres tenía una aventura con la esposa de su padre. Como Pablo no dice nada de incesto, lo más probable es que fuera la madrastra. La sociedad de Corinto rechazaba tal comportamiento. La ley romana prohibía que los hijos se casaran con la esposa de sus padres, incluso si el padre había muerto.[1] Pero se estaba dando esta situación entre miembros de una familia ¡y nadie decía nada!

En cuestión de moralidad, la iglesia estaba fuera de control. Posiblemente esta depravación moral era el resultado de una teología superficial, pues cuando se trataba de conocimiento bíblico, la iglesia se quedaba en el banquillo.

La controversia era esta: ¿Podemos comer carne que ha sido ofrecida a ídolos? La adoración pagana, al igual que la judía, conllevaba el sacrificio de animales. Pero sólo se quemaba una cierta porción del sacrificio. El resto se dividía entre los sacerdotes y el público. ¿Pueden los cristianos comer esa carne?

Los que estaban a favor de la carne, decían que sí. Después de todo, como dice Pablo: «sabemos que un ídolo nada es en el mundo, y que no hay más que un Dios» (1 Co 8.4). Estos no tenían ningún problema con esto.

Pero los que estaban contra la carne tenían un problema de conciencia. Pablo usa el v. 7 para expresar su dilema: «porque algunos, habituados hasta aquí a los ídolos, comen como sacrificado a ídolos, y su conciencia, siendo débil, se contamina».

Algunos miembros de la iglesia creían que comer carne ofrecida a los ídolos implicaba adorarlos. A quienes estaban contra la carne les resultaba difícil cambiar esta costumbre. A quienes estaban a favor, les costaba tener paciencia. Se sentían libres en Cristo y no entendían por qué los otros no se sentían igual.

Pablo está de acuerdo con ellos: «Si bien la vianda no nos hace más aceptos ante Dios; pues ni porque comamos, seremos más, ni porque no comamos, seremos menos» (8.8). Él no tenía ningún problema con las creencias de los que favorecían la carne. Pero sí con su arrogancia. Es casi imposible no darse cuenta del sarcasmo del v. 2: «En cuanto a lo sacrificado a los ídolos, sabemos que todos tenemos conocimiento. El conocimiento envanece, pero el amor edifica. Y si alguno se imagina que sabe algo, aún no sabe nada como debe saberlo» (8.1–2).

Auch. La gente tenía la información correcta, pero el acercamiento incorrecto. Eran demasiado sofisticados para su propio bien.

Vamos a intentar entender la confusión de los corintios. Con respecto a la unidad, andaban mal. Y en cuanto a la moral, estaban fuera de control. Teológicamente estaban en el banquillo.

¡Y eso no es todo! En el área de la alabanza, la iglesia era un caos. Igual que su recién estrenada libertad les estaba creando problemas con la moral y con la carne, también estaban teniendo problemas en las reuniones de congregación.

Los velos eran un problema. Algunas mujeres iban a la iglesia sin usarlo. En Corinto el velo era un signo de modestia y virtud. Aparecer sin velo en público era algo inmoral. Los creyentes «iluminados» querían mandar el velo a pasear y «encarar» el futuro. Otros, sin embargo, decían: «No tan rápido». Pablo era uno de estos. Una mujer sin velo es como si se hubiese cortado el pelo (11.5). Si lo que quiere es llamar la atención ¿por qué inhibirse?

Y además estaba el asunto de la cena del Señor. En Corinto, la cena era algo más que galletas y jugo, sino un tiempo de comer, un tiempo de compañerismo y alabanza. Pero algunos de los miembros no se estaban dando cuenta de lo más importante. Les gustaba la comida, pero despreciaban el compañerismo y la alabanza. Llegaban temprano y comían con ganas, y lo único que dejaban para otros era una mesa vacía.

Y las mujeres no entendían lo esencial sobre el velo. Los otros no captaban la cuestión de la comunión. Y ninguno entendía la cuestión de los dones del Espíritu. Algunos se sentían orgullosos de sus dones, mientras que otros sentían que eran escasos. Había demasiado don de lenguas y de predicación, y no suficiente interpretación, ni tampoco ponían atención al mensaje, por lo que el resultado era un pandemonio (14.23).

Ay Corinto. ¡Tienes problemas en todas las bancas! Territorialmente egoísta. Moralmente desvergonzado. Teológicamente imprudente. Y corporativamente irreflexivo. ¿Qué hace uno para ayudar a una congregación así?

Puedes corregirlos. Es lo que hace Pablo. Puedes instruirlos, cosa que también hace Pablo. Puedes razonar con ellos. Pablo lo hace. Pero llega un momento en que hay que dejar de hablar a la cabeza y hay que comenzar a apelar al corazón.

Y Pablo lo hace: «El amor todo lo disculpa, todo lo cree, todo lo espera, todo lo soporta» (13.7 NVI).

Los que son padres entienden muy bien el problema de Pablo. Han estado allí. Desde el cuarto de la hija llega un grito que hiela la sangre. Ustedes corren, y al llegar ven a su hijo de ocho años gritándole a su hermana de seis años, y a la niña llorando a lágrima viva. Suspiras, «¿qué pasó?» Nunca debió haber preguntado.

«Él me tiró mi muñeca nueva por la ventana»

«Lo hice porque ella me pisó mi juego de Nintendo».

Y así siguen. Él hizo esto, ella hizo lo otro, él hizo esto, ella hizo aquello. Sacudes la cabeza y te preguntas por qué tus hijos no fueron bendecidos con más rasgos semejantes a tu lado de la familia.

Al final haces una seña con la mano y gritas: «¡Se acabó!» Olvidas los problemas. Vas al meollo de la cuestión. Hablas con tus hijos acerca de algo que es más importante que los juguetes, algo que es más grande que los juegos. Les hablas sobre el amor. Les hablas sobre la familia. Les secas las lágrimas y les acaricias la cabeza, y les hablas elocuentemente sobre la familia, explicándoles que ha de permanecer unida, buscando cada uno el bien de los otros. Les dices que la vida es demasiado breve para que se dediquen a pelear, y que la gente es demasiado preciosa para enojarse con ella, y al final de todo, lo único que de verdad resuelve las cosas es el amor.

Los niños te escuchan. Asienten con la cabeza. Y tú te sientes embriagado de una agradable sensación de satisfacción. Te paras y sales del cuarto. Puede que se pongan a pelear otra vez, pero por lo menos tú has sembrado la semilla.

Pablo diría lo mismo. A lo largo de doce capítulos, lucha por unir los nudos de la falta de unidad. Durante tres capítulos más, trata de entender sus conflictos. Pero en el capítulo trece: «¡Se acabó!» Sólo se le ocurre una solución. Y la solución es una palabra griega de cinco letras: Á-G-A-P-E. *Ágape*.

Pablo podría haber usado otra palabra griega: *eros*. Pero no se limita al amor sexual. También podría haber empleado el término *phileo,* pero presenta algo más que una amistad. O podría haber hecho uso de *storge,* una palabra tierna y dulce para el amor familiar. Pero Pablo tiene en mente algo más que la paz doméstica.

Se está imaginando un amor *ágape*. El amor *ágape* se preocupa por los otros, porque Dios se preocupa por nosotros. El amor *ágape* trasciende los sentimientos y buenos deseos. Porque Dios nos amó primero. El amor *ágape* responde. Como Dios nos dio su gracia. El amor *ágape* perdona los errores cuando las ofensas son muchas. *Ágape* ofrece paciencia cuando el estrés abunda y extiende bondad cuando la enfermedad es grave. ¿Por qué? Porque Dios nos ofreció ambas cosas.

El amor *ágape* «todo lo sufre, todo lo cree, todo lo espera, todo lo soporta» (13.7).

Esta es la clase de amor que Pablo le receta a la iglesia de Corinto. ¿No crees que hoy seguimos necesitando la misma receta? ¿No hay grupitos luchando entre ellos? ¿No coqueteamos con quien no deberíamos? ¿No es cierto que a veces nos quedamos callados, cuando deberíamos hablar? Y los que han encontrado la libertad, ¿no lo pasan mal con los que aún no lo han hecho? Algún día habrá una comunidad de fe donde todos hagan lo correcto y nadie se queje. Pero eso no será antes de llegar al cielo.

¿Qué hacemos hasta que llegue ese día? Razonamos. Confrontamos. Enseñamos. Pero sobre todo, amamos.

No es fácil amar así. Ni para ti ni para mí. Ni siquiera para Jesús. ¿Necesitas una prueba de esto? Escucha su frustración: «¡Oh generación incrédula! ¿Hasta cuándo he de estar con vosotros? ¿Hasta cuándo os he de soportar?» (Mr 9.19).

Hasta al Hijo de Dios le pasaron platos de ocra y espárragos. La verdad es que nos tranquiliza saber que Jesús hizo una pregunta así. Pero escuchar su respuesta nos debería cambiar. *¿Hasta cuándo os he de soportar?*

«Hasta que mis hermanos me llamen loco y mis vecinos, mentiroso. Hasta que me expulsen de mi ciudad y de mi templo. Hasta que se rían de mí, me maldigan, me abofeteen, me golpeen, me venden los ojos y se burlen de mí. Hasta sentir la saliva caliente y latigazos fuertes. Hasta ver que a mis pies se forma un charco con mi sangre».

¿Hasta cuándo? Hasta que cante el gallo, y el sudor apeste, y el mazo golpee, y una legión de demonios le sonría con desdén a un Dios agonizante.

¿Hasta cuándo? Hasta que cada pecado se empape de mi alma sin pecado y el cielo se vuela horrorizado y mis labios hinchados pronuncien la última transacción: «Consumado es»

¿Hasta cuándo? «Hasta dar mi vida»

Jesús soportó todo, sufrió todo, creyó todo y esperó todo. Sin faltar nada.

CAPÍTULO

DOCE

UN MANTO DE AMOR

El amor todo lo disculpa.

1 Corintios 13.7 (NVI)*

* Así es la traducción de dicho pasaje en inglés en la New International Version.

NOSOTROS NOS OCULTAMOS. ÉL NOS BUSCA.

NOSOTROS TRAEMOS PECADO. ÉL TRAE UN SACRIFICIO.

NOSOTROS LO INTENTAMOS CON HOJAS DE HIGUERA.

ÉL TRAE EL MANTO DE JUSTICIA.

Y PODEMOS ENTONAR EL CANTO DEL PROFETA:

«ME VISTIÓ CON VESTIDURAS DE SALVACIÓN,

ME RODEÓ DE MANTO DE JUSTICIA,

COMO A NOVIO ME ATAVIÓ,

Y COMO A NOVIA ADORNADA CON SUS JOYAS» (Is 61.10).

En los años treinta, Joe Wise era un joven soltero y médico residente del Hospital Cook, en Fort Worth. Los pacientes lo llamaban el «doctor con la rosa». Los hacía sonreír prendiéndose en la bata una flor de los arreglos que tenían a lado de sus camas.

Madga, sin embargo, necesitaba algo más que una sonrisa. Un accidente automovilístico la había dejado casi sin pierna a la altura de la rodilla. Era joven, bonita y tenía mucho miedo. Cuando Joe la vio en la unidad de cuidados intensivos, hizo algo que no había hecho nunca.

Joe se quitó la bata, adornada con la rosa, y la puso con suavidad sobre la joven. Cuando la llevaron en silla de ruedas a la sala de operaciones, le quitaron la bata, pero la chica pidió que le dejaran quedarse con la flor. Cuando se despertó después de la operación todavía la tenía en la mano.

Cuando te diga que Magda nunca olvidó a Joe, no te sorprenderá. Pero cuando te diga la manera en que se lo agradeció, es muy probable que sí.

Pero antes de terminar la historia de la bata o manto de Joe, ¿podría pedirte que pienses en tu historia. ¿Eres dueño de un manto de amor? ¿Conoces a alguien que necesite uno? Cuando cubres a alguien que está preocupado estás llevando a la práctica lo que Pablo tenía en mente al escribir esta frase (1 Co 13.7).

Pablo usó aquí una palabra con mucho significado. Su raíz se traduce por «cubrir u ocultar». Sus primos, cuando hablamos de sustantivos, son *techo* y *refugio*. Cuando Pablo habló de la protección del amor, quizás tenía en mente la sombra de un árbol o el refugio de una casa. Quizás pensó en un abrigo. Un erudito cree que esta última opción es la más plausible. El *Diccionario Teológico del Nuevo Testamento* es famoso por el estudio de las palabras, no por su poesía. Pero el erudito se vuelve poeta al explicar el significado de *proteger,* tal como se usa en 1 Co 13.7. Dice que la palabra expresa «la idea de cubrir con un manto de amor».[1]

¿Recuerdas haber recibido alguno? Estabas nervioso por el examen, pero el profesor se quedó hasta más tarde para ayudarte. Estabas asustado, lejos de casa, pero tu mamá te llamó para animarte. Te acusaron de algo injustamente y un amigo salió en tu defensa. Cubierto de aliento. Cubierto del cuidado de un corazón tierno. Cubierto de protección. *Cubierto con un manto de amor.*

Pero tu mejor manto de amor, sin embargo, vino de Dios. ¿Alguna vez pensaste en tu Creador como un diseñador de modas? Adán y Eva sí lo hicieron.

Todas las tiendas de ropa del mundo existen gracias a Adán y Eva. Las tablas de planchar, los clósets, los percheros… todo se remonta al huerto de Edén. Antes de pecar, Adán y Eva no necesitaban ropa; después de pecar, no pudieron vestirse con suficiente rapidez. Se ocultaron en los arbustos y trataron de hacerse ropa usando hojas de higuera.

Ansiaban protección. Razones no les faltaban. Conocían las consecuencias de sus errores. Dios les había advertido: «Pero del fruto del árbol que está en medio del jardín… No comáis de él, ni lo toquéis, no sea que muráis» (Gn 3.3).

Y por supuesto, el único árbol que se les dijo que no tocaran fue el único que no pudieron resistir. El fruto del árbol se convirtió en el cerrojo de una puerta que, una vez abierto, permitió la entrada de muchísimas consecuencias no deseadas.

Una de ellas fue la vergüenza. Adán y Eva no habían sentido vergüenza antes. Pero después de esto, fue lo único que sintieron. Aunque se escondieron y cosieron, la cobertura fue insuficiente. ¿Qué es una arboleda ante los ojos de Dios? ¿Qué protección te da una hoja de higuera?

Adán y Eva se encontraban —como Magda— vulnerables por una herida, no de carro, sino por su propio pecado.

Pero, ¿qué haría Dios? ¿Acaso no había anunciado su juicio? ¿No había sido quebrantada su ley? ¿La justicia no exigía la muerte de Adán y Eva? ¿No es Él un Dios justo?

Pero —nos apuramos en contestar— ¿no es cierto que Dios es amor? ¿Adán y Eva no eran sus hijos? ¿Acaso su misericordia no podía cancelar su justicia? ¿Hay alguna manera en que puedan coexistir la justicia y la bondad?

Según Gn 3.21, sí pueden. A este versículo se le ha llamado el primer sermón del evangelio. No fue predicado por predicadores, sino por Dios mismo. No con palabras, sino con símbolos y acción. ¿Te gustaría saber cómo reacciona Dios ante nuestro pecado?

«Y Jehová Dios hizo al hombre y a su mujer túnicas de pieles, y los vistió» (Gn 3.21).

¡Cuánto misterio esconden estas palabras! Vuélvelas a leer y trata de imaginarte el momento.

«Y Jehová Dios hizo al hombre y a su mujer túnicas de pieles, y los vistió».

Esta frase tan sencilla nos sugiere tres escenas poderosas.

Escena 1: Dios mata un animal. Por primera vez en la historia de la tierra, el suelo se mancha de sangre. Sangre inocente. El animal no cometió pecado. La criatura no merecía morir.

Adán y Eva sí lo merecían. La pareja merecía morir, pero vivió. El animal merecía vivir, pero murió. En la primera escena se derrama sangre inocente.

Escena 2: Se hace ropa. El diseñador de las estrellas ahora se convierte en sastre.

Y en la Escena 3: Dios los viste.

Adán y Eva ya van de camino a la salida del Edén. Se les dijo que se fueran, pero ahora Dios les dice que se detengan un momento. «Con esas hojas de higuera», les dice sacudiendo la cabeza, «no van a conseguir nada». Y les hace algo de ropa. Pero no les tira la ropa a los pies y les dice que se vistan. Él mismo lo hace. «Estate quieto, Adán, a ver cómo te queda». Igual que lo haría una madre con su hijo. Como haría un padre con un niño de preescolar, subiéndole la cremallera. Como hizo un médico, cubriendo con su bata a una chica asustada. Dios los cubre. Los protege.

El amor siempre protege.

¿No ha hecho Dios lo mismo por nosotros? Comemos nuestra porción del fruto prohibido. Decimos las cosas que no deberíamos decir. Vamos a lugares a donde no deberíamos ir. Tomamos frutas de árboles que no deberíamos tocar.

Y al hacerlo, se abre la puerta y se cuela la vergüenza. Y nos escondemos. Nos hacemos ropa de hojas de higuera. Excusas débiles. Justificaciones transparentes. Nos cubrimos de buenas obras y de trabajos bien realizados, pero una ráfaga del viento de la verdad pasa, y nos volvemos a quedar desnudos. Completamente desnudos en nuestros errores.

¿Y que hace Dios ante esto? Lo mismo que hizo por nuestros padres en el jardín. Derrama sangre inocente. Ofrece la vida de su Hijo. Y desde la escena del sacrificio, el Padre toma un manto —no la piel de un animal—, sino el manto de la justicia. ¿Nos los lanza y nos dice que nos vistamos? No, Él nos viste. Nos viste *consigo* mismo. «Pues todos sois hijos de Dios por la fe en Cristo Jesús; porque todos los que habéis sido bautizados en Cristo, de Cristo estáis revestidos» (Gá 3.26–27).

El manto es obra suya, no nuestra. ¿Te percataste de la inactividad de Adán y Eva? No hicieron nada. Absolutamente nada. No pidieron el sacrificio, ni siquiera se les ocurrió pensar en él. Fueron pasivos en el proceso. Nosotros también. «Porque por gracia sois salvos por medio de la fe; y esto no de vosotros, pues es don de Dios. No es por obras, para que nadie se gloríe« (Ef 2.8–9).

Nosotros nos ocultamos. Él nos busca. Nosotros traemos pecado. Él trae un sacrificio. Nosotros lo intentamos con hojas de higuera. Él trae el manto de justicia. Y podemos entonar el canto del profeta: «En gran manera me gozaré en Jehová, mi alma se alegrará en mi Dios; porque me vistió con vestiduras de salvación, me rodeó de manto de justicia, como a novio me atavió, y como a novia adornada con sus joyas» (Is 61.10). Dios nos ha vestido. Nos protege con un manto de amor. ¿Puedes mirar hacia atrás en tu vida y buscar ejemplos de la protección de Dios? Yo también puedo hacerlo. En mi primer año de universidad quedé fascinado con un movimiento cristiano a miles de kilómetros de mi recinto. Varios amigos decidieron pasar el verano en la iglesia más grande del movimiento y ser discipulados. Cuando traté de hacer lo mismo, se me cerraron todas las puertas. Un problema tras otro: finanzas, logística y transportación.

Entonces surgió una segunda oportunidad: pasar un verano en Brasil. En este caso se abrieron todas las puertas a las que toqué. Veinticinco años más tarde me doy cuenta de que Dios me protegió. Aquel movimiento se ha convertido en un culto, peligroso y opresivo. El tiempo que pasé en Brasil me enseñó sobre la liberadora y gozosa gracia de Dios. ¿Me protegió Dios? ¿Nos protege Dios?

¿No es cierto que hace por nosotros lo mismo que hizo por la mujer adúltera? La protegió de las piedras. ¿Y a sus discípulos? Los protegió de la tormenta. ¿Y al endemoniado? Lo protegió del mismo infierno. Jesús incluso protegió a Pedro de los cobradores de impuestos proveyéndole el dinero para pagar.[2]

¿Y a ti? ¿Te está protegiendo de alguna mala relación? ¿De un empleo poco adecuado? ¿Te separa de ________________ (completa la oración)? «Como las aves que vuelan, así amparará Jehová de los ejércitos a Jerusalén, amparando, librando, preservando y salvando» (Is 31.5). «Pero fiel es el Señor, que os afirmará y guardará del mal» (2 Ts 3.3). «Pues a sus ángeles mandará acerca de ti, que te guarden en todos tus caminos» (Sal 91.11). Dios te protege con un manto de amor.

¿No te gustaría hacer lo mismo por Él? ¿Qué pasaría si te dieran el privilegio otorgado a María? ¿Qué pasaría si te pusieran a Dios mismo en los brazos como un bebé desnudo? ¿Acaso no harías lo mismo que ella? «Le envolvió en pañales« (Lc 2.7).

Jesús recién nacido, aún mojado del vientre materno, tenía frío. Así que su madre hizo lo que habría hecho cualquier otra madre. Hizo lo que hace el amor: lo cubrió.

Treinta años más tarde otra persona que amaba a Cristo hizo lo mismo. En esta ocasión el cuerpo de Jesús no estaba frío por la temperatura, sino por la muerte. José de Arimatea lo había bajado de la cruz. Igual que María limpió al niño, recién salido de su vientre, José preparó al Salvador para la tumba. Le limpió la saliva de la cara y la sangre de la barba. «Y tomando José el cuerpo, lo envolvió en una sábana limpia» (Mt 27.59).

María vistió al bebé. José limpió el cuerpo.

¿No te gustaría tener la oportunidad de hacer lo mismo? Tienes una. Oportunidades como esa se presentan todos los días. Jesús dijo:

> «Estuve desnudo, y me cubristeis».
>
> «Entonces los justos le responderán diciendo: Señor, ¿cuándo te vimos forastero, y te recogimos, o desnudo, y te cubrimos?»
>
> «Y respondiendo el Rey, les dirá: De cierto os digo que en cuanto lo hicisteis a uno de estos mis hermanos más pequeños, a mí lo hicisteis» (Mt 25.36, 38, 40).

¿Conoces a alguien como Magda, que esté herido y asustado? ¿Conoces a alguien como Adán y Eva, que se sienta culpable y avergonzado? ¿Conoces a alguien que necesite un manto de amor?

¿Alguna vez has tenido a un adolescente que está en problemas? Oyes que la puerta del garaje se abre una hora después de la hora designada para llegar a casa. Saltas de la cama y vas a la cocina, y ahí lo tienes, apoyado en la mesa y oliendo a cerveza. Las mejillas sonrosadas por el alcohol. Esto es serio. Ha estado tomando. Ha estado manejando. Tú tienes un problema y yo tengo una pregunta: ¿Qué le vas a dar a tu hijo?

¿Le vas a dar un «sermón»? Se merece uno. ¿Le vas a quitar las llaves del coche durante tres meses? Podría ser muy sabio. ¿Le vas a condenar a cadena perpetua sin libertad condicional? Eso se podría entender, teniendo en cuenta la preocupación que sientes. Pero no olvides cubrir a tu hijo con un manto de amor. En algún momento durante las siguientes horas el chico necesita con desesperación sentir tu abrazo. Necesita que le pongan un manto, que le cubran, que le cobijes con tu amor. El amor siempre protege.

¿Conoces a alguien que necesite un manto de amor?

¿Alguna vez has oído a alguien criticando a un conocido tuyo? ¿Alguna vez has visto a chacales humanos devorando a un amigo caído? «Pues he oído que ella... » «Ah, ¿es que no sabías que... » «Un amigo me dijo que Fulanito... » Y de repente te toca a ti. Todo el mundo está despedazando a tu amigo. ¿Tienes algo que decir?

Esto es lo que dice el amor: nada. El amor se queda callado. «El amor cubre una multitud de pecados» (1 P 4.8). El amor no expone a nadie. No chismea. Si dice algo, son palabras de defensa. Palabras de bondad. Palabras de protección.

¿Conoces a alguien que necesite un manto de amor?

Hace varios años les ofrecí uno a mis hijas. El torbellino de la adolescencia corría libremente por nuestra casa, trayendo con él una buena porción de dudas, acné y presión de los compañeros. No podía proteger a las chicas de los vientos, pero sí podía darles un ancla para sostenerse en medio de la niebla. El día de San Valentín de 1997 escribí lo siguiente, y lo enmarqué para cada una de mis hijas:

Tengo un regalo especial para ti. Mi regalo es calidez en las noches, tardes iluminadas de sol, risas, besos y sábados felices.

Pero ¿cómo te doy este regalo? ¿Hay alguna tienda donde vendan risas? ¿Un catálogo que ofrezca besos? No. Un tesoro como ese no puede comprarse. Pero sí puede darse. Y así es como voy a dártelo.

Tu regalo del día de San Valentín es una promesa; la promesa de que siempre voy a amar a tu madre. Con la ayuda de Dios, nunca la abandonaré. Nunca llegarás a casa y descubrirás que me fui. Nunca despertarás y descubrirás que huí. Siempre nos tendrás a los dos. Amaré a tu madre. La honraré. Cuidaré de ella. Esta es mi promesa. Este es mi regalo.

Con todo mi amor, Papá

¿Conoces a alguien que necesite algún tipo de protección? Seguro que sí. Entonces, dásela.

Paga la factura del gas a un matrimonio de ancianos.

Prométele a tus hijos que, con la ayuda de Dios, nunca pasarán hambre ni les faltará un hogar.

Dile a tu cónyuge que te volverías a casar con él, e invítalo a una luna de miel.

Asegúrate de invitar a tus fiestas a tus amigos divorciados.

Y cuando veas un alma herida, temblando y sacudida por la vida, ofrécele una bata con una rosa.

Eso fue lo que hizo el Dr. Wise. Y la cosa no quedó ahí. Cuando Magda se recuperó, la fue a visitar a su habitación. Muchas veces. Cuando se enteró que estaba comprometida, puso en la puerta un letrero de «Prohibidas las visitas», para que su prometido no entrara. Magda no puso objeción alguna. Escribió en su diario: «Espero que ese médico joven y guapo me venga a visitar hoy» Así sucedió, ese día y muchos otros, siempre con una rosa. Una cada día hasta que le dieron de alta.

Y Magda nunca olvidó. ¿Cómo respondió? Le regaló a él otra rosa. Al día siguiente, otra. Y al siguiente, otra. Cuando empezaron a salir, seguían llegando las rosas cada día. Cuando se casaron, ella siguió dándoselas. Magda convenció al Club Golf Colonial, que estaba al otro lado de la calle, de que plantara rosas para poder darle al médico su regalo diario. Durante casi cuarenta años hubo una rosa diaria. El hijo más joven, Harold, dice que no recuerda ni una sola vez en que no hubiera un vaso en el refrigerador con una rosa para su padre.[3]

Un manto de amor. Una rosa de gratitud.

¿Recibiste la primera? Entonces, saca tiempo para ofrecer la segunda.

CAPÍTULO

TRECE

EL ANILLO DE LA FE

El amor todo lo cree.

1 Corintios 13.7

CUANDO DICES LA VERDAD, ERES EMBAJADOR DE DIOS.

CUANDO MANEJAS EL DINERO QUE ÉL TE DA, ERES SU ADMINISTRADOR DE EMPRESAS.

CUANDO PERDONAS, ERES SU SACERDOTE.

CUANDO PROMUEVES LA SANIDAD DEL CUERPO O DEL ALMA, ERES SU MÉDICO.

Y CUANDO ORAS, TE ESCUCHA COMO UN PADRE ESCUCHA A SU HIJO.

TIENES VOZ EN LA CASA DE DIOS.

ÉL TE HA PUESTO SU ANILLO.

«Según toda lógica, Skinner era hombre muerto». Con estas palabras, Arthur Bressi comienza a relatar el día que encontró a su mejor amigo en un campo de concentración japonés durante la Segunda Guerra Mundial. Los dos eran amigos desde la secundaria. Crecieron juntos en Mount Carmel, Pennsylvania. Jugaban baloncesto, faltaban al colegio y salían juntos con sus respectivas chicas. Arthur y Skinner eran inseparables. Entonces, tenía sentido que cuando uno se unió al ejército, el otro también lo hiciera. Zarparon en el mismo buque rumbo a las Filipinas. Allí los separaron. Skinner estaba en Bataan cuando fue tomado por los japoneses en 1942. A Arthur Bressi lo capturaron un mes más tarde.

Por medio de información no oficial de la prisión, Arthur se enteró del paradero de su amigo. Skinner estaba muriéndose en un campamento cercano. Arthur se ofreció para un trabajo voluntario, con la esperanza de que su compañía pasara por el otro campamento. Y un día sucedió.

Arthur pidió, y le concedieron, cinco minutos para buscar y hablar con su amigo. Para eso tenía que ir a la parte donde se alojaban los enfermos. Dicho lugar estaba dividido en dos secciones: una para los enfermos con probabilidades de recuperarse y la otra para los que no tenían esperanza de vida. Los que se suponía que iban a morir vivían en el «Pabellón Cero». Allí fue donde Arthur encontró a Skinner. Gritó su nombre y salió del pabellón la sombra de setenta y nueva libras del amigo que una vez conoció.

Este es su relato:

> Estaba parado junto a la alambrada del campo de prisioneros de guerra, en Luzón, Japón, y vi a mi amigo de la infancia, cubierto de suciedad y cargando el dolor de muchas enfermedades, arrastrarse hacia mí. Estaba muerto. Lo único que quedaba con vida era su espíritu inquieto. Quise mirar para otro lado, pero no pude. Sus ojos azules, acuosos y tristes, se quedaron fijos en mí, y no me dejaban irme.[1]

Malaria. Disentería. Pelagra. Escorbuto. Beriberi. El cuerpo de Skinner era un dormitorio de enfermedades tropicales. No podía comer. No podía beber. Estaba casi muerto.

Arthur no sabía qué decir ni qué hacer. Se le estaban terminando los cinco minutos. Comenzó a desatarse el nudo del pañuelo que llevaba en el cuello. Ahí tenía el anillo de la escuela secundaria. Corriendo el riesgo de ser castigado, había logrado meter el anillo en el campo. Como sabía de la inminencia de enfermedades y escasez de tratamientos, lo había estado guardando para cambiarlo por medicinas o comida para él. Pero una mirada a Skinner y supo que ya no podía guardarlo más.

Mientras se despedía de su amigo, deslizó el anillo en su frágil mano, a través de la verja, y le dijo que «hiciera algún negocio» con él. Skinner se opuso, pero Arthur insistió. Se dio la vuelta y se marchó, sin saber si volvería a ver vivo a su amigo.

¿Qué tipo de amor haría algo así? Una cosa es darle un regalo a los sanos. Una cosa es compartir un tesoro con el fuerte. Pero darle al débil lo mejor que tienes, confiarle tu tesoro al moribundo, eso ya es otra cosa. De hecho, este gesto declara: «Creo en ti». «No desesperes. No te rindas. Creo en ti». Por eso Pablo incluyó esta frase en su definición del amor. «El amor todo lo cree» (1 Co 13.7).

¿Conoces a alguien que esté en el mismo lado de la cerca que Skinner? Si tu hijo está teniendo problemas en el colegio, entonces conoces a alguien. Si tu marido lucha con la depresión o despidieron a tu esposa del trabajo, tienes otro caso. Si tienes un amigo con cáncer, si toda la clase se burla de un compañero, si tu hijo no logra clasificar para el equipo deportivo en la escuela, si conoces a alguien que tiene miedo o ha fracasado o es frágil, entonces conoces a alguien que necesita un anillo de fe.

Y, lo más importante, tú se lo puedes dar. Puedes, por medio de palabras o de obras, cambiar para siempre la vida de esa persona.

Arthur lo hizo. ¿Quieres saber qué le pasó a Skinner? Tomó el anillo y lo enterró en el suelo del pabellón. Al día siguiente se decidió a correr el mayor riesgo de su vida. Se acercó al «más amable» de los guardias y le pasó el anillo por la verja. *«¿Takai?»*, preguntó el oficial. «¿Es valioso?», Skinner le aseguró que sí. El soldado sonrió, se metió el anillo en un bolsillo y se marchó. Varios días más tarde pasó por delante de Skinner y le tiró un paquete a los pies. Tabletas de un compuesto de sulfa. Al día siguiente regresó con un remedio para combatir el escorbuto. Después le llegaron unos pantalones y una lata de carne. En menos de tres semanas Skinner estaba en pie. En menos de tres meses lo llevaron a la parte de los enfermos «sanos». Con el tiempo fue capaz de trabajar. Por lo que sabe, fue el único americano que salió vivo del pabellón cero.

Todo por un anillo. Todo porque alguien creyó en él.

Sé lo que algunos de ustedes están pensando. Miran la historia de Arthur y Skinner y desearían que su situación fuera así de fácil. Skinner era un moribundo, pero un buen hombre y un buen amigo. ¿Cómo se puede creer en alguien que no lo es? ¿Cómo se puede creer en un hombre que te traiciona o en un empleado que te engaña? ¿El amor ignora todo? No lo creo. Este pasaje no es un llamado a la ingenuidad ni a la ceguera, sino un llamado a darle a otros lo que Dios nos ha dado a nosotros.

Skinner no es la única persona a la que le dieron un anillo. Tú también llevas uno en el dedo. Te lo puso tu Padre celestial. Jesús describió esto cuando contó la historia del hijo pródigo.

El relato involucra a un padre rico y un hijo voluntarioso. El chico reclama su herencia prematuramente, se muda a Las Vegas y allí despilfarra el dinero en máquinas tragamonedas y mujeres. Con la misma rapidez que dices «blackjack», el hijo estaba en la ruina. Como es demasiado orgulloso para regresar a casa, consigue un trabajo limpiando establos en el hipódromo. Cuando se sorprende probando el alimento de los caballos y pensando *con un poquito de sal no estaría nada mal,* se da cuenta que ya es suficiente. Ya es hora de regresar a casa. Al jardinero de su padre le va mejor que a él. Así que emprende el viaje de regreso. Va ensayando su discurso de arrepentimiento en cada paso del camino.

Pero el padre veía las cosas desde otro punto de vista. «Cuando todavía estaba lejos, su padre lo vio». El padre estaba buscando al chico, siempre alzando el cuello, esperando ver aparecer al muchacho, y cuando eso sucedió, cuando el padre vio por el camino una figura que le resultaba familiar, «tuvo compasión. Corrió y se echó sobre su cuello, y le besó».

Nosotros no esperamos una respuesta así. Esperamos a alguien con los brazos cruzados y aspecto furioso. Como mucho, un apretón de manos por compromiso. Seguro que una reprimenda. Pero el padre no hace nada de esto. En su lugar, le da regalos. «Sacad de inmediato el mejor vestido y vestidle, y poned un anillo en su mano y calzado en sus pies. Traed el ternero engordado y matadlo. Comamos y regocijémonos» (Lc 15.11–23). Vestido, sandalias, ternero y... ¿viste? un anillo.

Antes de que el chico tenga tiempo de lavarse las manos, tiene un anillo en el dedo. En la época de Cristo los anillos eran algo más que regalos, eran símbolos de soberanía delegada. El portador del anillo podía hablar en nombre del dador. Se usaba para imprimir un sello en cera blanda para validar las transacciones. El que llevaba el anillo hacía negocios en nombre del que se lo había dado.

¿Habrías hecho lo mismo? ¿Le habrías dado al hijo pródigo el poder y los privilegios de representarte en tus asuntos? ¿Le habrías confiado una tarjeta de crédito? ¿Le habrías dado tu anillo?

Antes de que empieces a cuestionar la sabiduría del padre, recuerda que en esta historia tú eres el hijo. Cuando llegaste a la casa de Dios se te dio autoridad para hacer negocios en el nombre de tu Padre celestial.

Cuando dices la verdad, eres embajador de Dios.

Cuando manejas el dinero que Él te da, eres su administrador de empresas.

Cuando perdonas, eres su sacerdote.

Cuando promueves la sanidad del cuerpo o del alma, eres su médico.

Y cuando oras, te escucha como un padre escucha a su hijo. Tienes voz en la casa de Dios. Él te ha puesto su anillo.

¡Lo único más asombroso que haberte dado el anillo es el hecho de no habértelo pedido de vuelta! ¿Acaso no ha habido momentos en que ha tenido motivos para eso?

Cuando promoviste tu causa y olvidaste la de Él. Cuando mentiste. Cuando tomaste los dones que te dio y los usaste para tu provecho. Cuando regresaste a Las Vegas y te sedujeron las luces de neón, la suerte y las noches de fiesta. ¿No podría haberte quitado el anillo? Por supuesto. ¿Lo hizo o no lo hizo? ¿Todavía tienes una Biblia? ¿Todavía se te permite orar? ¿Todavía tienes algo de dinero para sobrevivir, o alguna habilidad que puedas usar? Entonces me da la impresión de que Dios quiere que sigas llevando el anillo. Parece que sigue creyendo en ti.

No se ha rendido contigo. No te ha dado la espalda. No se ha marchado. Podría haberlo hecho. Otros lo habrían hecho, pero Él no. Dios cree en ti. Y te pregunto si tú no podrías compartir con otros algo de esa fe que Él tiene en ti. ¿Puedes creer en alguien?

La fe es muy poderosa. Robert Schuller dijo: «Yo no soy quien creo ser. No soy quien tú crees que soy. Soy quien yo creo que tú crees que soy».[2] (Quizás quieras leer esto otra vez). Para bien o para mal, nos definimos a través de los ojos de otros. Dime muchas veces que soy estúpido, y acabaré creyéndote. Dime muchas veces que soy una persona brillante, y probablemente te crea. O, como afirmó el poeta alemán Goethe: «Trata a un hombre según su apariencia, y lo convertirás en alguien peor. Pero si lo tratas como si fuera lo que potencialmente podría ser, lo convertirás en lo que debe ser».

Robert Rosenthal demostró esto en su famoso salón de estudio. Él y el director de una escuela elemental probaron a un grupo de estudiantes. Después le comentaron a los maestros que varios de los niños habían hecho los exámenes de una forma excepcionalmente buena. Se les hizo creer a los maestros que cinco o seis de sus alumnos tenían una capacidad de aprendizaje excepcional.

Lo que los maestros no sabían era que los nombres de los alumnos «excepcionales» habían sido escogidos completamente al azar. No eran niños diferentes de los otros, pero como los maestros pensaban que sí lo eran, los trataron de forma diferente. Al final del año escolar los niños a los que los maestros consideraban más brillantes ¡realmente lo eran! Obtuvieron mejores calificaciones que sus compañeros y ganaron entre 15 y 27 puntos en los coeficientes de inteligencia. Los maestros los describían como más felices, más curiosos, más afectuosos que la media de la clase, y con más posibilidades de triunfar en la vida. Todo esto se debió ¡a la actitud de los maestros! Los maestros creían que los alumnos eran especiales y los estudiantes respondieron a la forma en que los trataron. Rosenthal escribió:

> La explicación radica probablemente en la sutil interacción entre maestros y alumnos; el tono de voz, la expresión facial, el contacto físico y las posturas pueden ser los medios por los que —a menudo inconscientemente— los maestros les transmiten sus expectativas a los alumnos. Ese tipo de comunicación puede ayudar a que un niño cambie la percepción que tiene de sí mismo.[3]

Arthur le dio a Skinner mucho más que un anillo; le dio una proclamación, un veredicto que decía: «Eres muy valioso para mí.

Vale la pena salvar tu vida. Vale la pena que vivas». Creyó en él y, como resultado, le dio a Skinner los medios y el valor para salvarse.

Tú y yo tenemos el privilegio de hacer por otros lo que Arthur hizo por Skinner y lo que Dios hace por nosotros. ¿De qué forma le demostramos a la gente que creemos en ella?

Haz acto de presencia. Nada puede sustituir nuestra presencia. Recibir cartas es agradable. Las llamadas de teléfono son algo especial, pero aparecer en carne y hueso es un mensaje muy claro.

Después de la muerte de la esposa de Albert Einstein, Maja, la hermana de este, se fue a vivir con él para ayudarle en los asuntos domésticos. Por catorce años ella lo cuidó, lo que le permitió seguir con sus valiosas investigaciones. En 1950 ella sufrió un derrame cerebral que la dejó en coma. De ahí en adelante, Einstein se pasó dos horas cada tarde leyéndole obras de Platón.[4] Ella no daba señales de entenderlo, pero él le seguía leyendo. Si algo llegó a entender de este gesto de su hermano fue que él creía que valía la pena invertir tiempo en ella.

¿Crees en tus hijos? Entonces, haz acto de presencia. Acompáñalos cuando tienen partido, cuando están jugando en casa, cuando representan una obra de teatro en el colegio. Puede que no sea posible estar en todo, pero seguro que el esfuerzo vale la pena. Un anciano de nuestra iglesia me apoya con su presencia. Cada vez que voy a predicar a una iglesia del área, él aparece. No dice nada. Dice muy poco. Lo único que hace es sentarse en un banco y sonreír cuando se cruzan nuestras miradas. Eso significa mucho para mí. De hecho, ahora que estoy escribiendo el borrador final del libro, él se encuentra en el cuarto de al lado. Manejó noventa minutos desde su casa sólo para orar por mí. ¿Crees en tus amigos? Entonces, haz acto de presencia. Asiste a sus graduaciones y bodas. Pasa tiempo con ellos. ¿Quieres llevar a alguien a que dé lo mejor de sí? Entonces haz acto de presencia.

Escucha. Para alentar a otros no hace falta que digas nada. La Biblia dice: «Todo hombre sea pronto para oír, tardo para hablar» (Stg 1.19). Nuestra tendencia general es hablar mucho y escuchar poco. Hay momentos para hablar, pero también hay momentos para permanecer en silencio. Esto es lo que hacía mi padre. Que se te escape una bola puede que no sea asunto serio para la mayoría de la gente, pero si tienes trece años y aspiras a jugar en un equipo profesional de baseball, es algo muy importante. No sólo fue mi segundo error en el partido, sino que gracias a esto el equipo contrario anotó la carrera ganadora.

Ni siquiera regresé al banquillo. Di la vuelta en medio del parque y salté la valla. Me faltaba la mitad del camino para llegar a casa cuando papá me encontró. No me dijo ni una palabra. Se limitó a detenerse a un lado de la carretera, se inclinó en el asiento y abrió la puerta del pasajero. No hablamos. No hacía falta. Ambos sabíamos que el mundo se había terminado. Cuando llegamos a casa, me fui directo a mi cuarto, y él se fue derecho a la cocina. Al poco rato se presentó en mi habitación con galletas y un vaso de leche. Se sentó en la cama y partimos juntos el pan. Un poco más tarde, mientras mojaba las galletas en la leche, comencé a darme cuenta de que la vida y el amor de padre iban a continuar. En el esquema mental de un muchacho adolescente, si amas al chico al que se le escapó la bola es que lo amas de verdad. Mi habilidad como jugador de baseball no mejoró, pero sí la confianza en el amor de mi padre. Mi padre no dijo ni una palabra. Pero hizo acto de presencia. Me escuchó. Para sacar el máximo partido de otros, haz lo mismo, y en el momento apropiado.

Habla. Nathaniel Hawthorne llegó un día a casa con el corazón roto. Le acababan de despedir de su trabajo. Su esposa, en vez de mostrarse preocupada, le recibió con una alegría sorprendente. «¡Pues ahora puedes escribir tu libro!»

La actitud de él no fue tan positiva. «¿Y de qué vamos a vivir mientras lo escribo?»

Para su sorpresa, ella abrió una gaveta y le enseñó un fajo de billetes, dinero que había ahorrado de su presupuesto doméstico. «Siempre he sabido que tienes talento», le dijo. «Siempre supe que escribirías una obra maestra».

Ella creyó en su marido. Y gracias a eso todas las bibliotecas de los Estados Unidos cuentan con un ejemplar de *The Scarlet Letter*, por Nathaniel Hawthorne.[5]

Tú puedes cambiarle la vida a alguien simplemente con tus palabras. «La muerte y la vida están en el poder de la lengua» (Pr 18.21). Por eso Pablo nos advierte a ti y a mí que tengamos cuidado. «Ninguna palabra corrompida salga de vuestra boca, sino la que sea buena para la necesaria edificación, a fin de dar gracia a los oyentes» (Ef 4.29).

En un capítulo anterior te hablé de la prueba del amor. También hay una prueba para la lengua. Antes de decir algo, piensa: ¿Lo que quiero decir será de aliento para otros? Tú puedes, con tus palabras, fortalecer a otros. Tus palabras son para sus almas lo que las vitaminas para sus cuerpos. Si tuvieras comida y vieras que alguien se está muriendo de hambre, ¿no le darías de comer? Si tuvieras agua y vieras que alguien se está muriendo de sed, ¿no le darías de beber? ¡Claro que sí! Entonces, ¿por qué no haces lo mismo por sus corazones? Tus palabras son alimento y agua. No dejes de alentar a los que están desanimados. No dejes de darles afirmación a los que están abatidos. Habla con palabras que los fortalezcan. Cree en ellos de la misma forma que Dios ha creído en ti.

Puedes salvarle la vida a alguien.

Como hizo Arthur. Su amigo Skinner sobrevivió. Ambos regresaron a casa en Mount Carmel. Un día, poco después de su llegada, Skinner fue a visitar a su amigo. Le llevaba un regalo. Estaba en una caja pequeña. Arthur supo inmediatamente lo que era. Una copia exacta del anillo de la secundaria. Después de un débil intento de hacer un chiste: «No lo pierdas, que me costó dieciocho dólares», sonrió a su amigo cálidamente y le dijo: «Ese anillo, Artie… me salvó la vida».[6]

Es mi deseo que alguien te diga lo mismo a ti.

Es mi deseo que le digas lo mismo a Dios.

CAPÍTULO

CATORCE

CUANDO TE FALTAN ESPERANZAS

El amor todo lo espera.

1 Corintios 13.7 (NVI)

LA ESPERANZA ES UNA HOJA DE OLIVO; EVIDENCIA DE TIERRA SECA DESPUÉS DE UNA INUNDACIÓN.

ES UNA PRUEBA PARA EL SOÑADOR DE QUE VALE LA PENA ARRIESGARSE A SOÑAR.

Agua. Todo lo que ve Noé es agua. El sol del anochecer se ahoga en ella. Las nubes se reflejan en ella. Su barco está rodeado de agua. Agua. Agua al norte. Agua al sur. Agua al este. Agua al oeste. Agua.

Todo lo que ve Noé es agua.

Ya ni se acuerda de cuando vio otra cosa. Él y sus chicos acababan de subir al último hipopótamo por la rampa, cuando de repente el cielo abrió mil bombas de agua. Poco después el barco ya estaba meciéndose en el agua, y durante muchos días no paró de llover, y por semanas Noé se estuvo preguntando: *¿Cuánto tiempo va a durar esto?* Llovió por cuarenta días. Estuvieron flotando durante varios meses. Comieron la misma comida, olieron los mismos olores, y miraron las mismas caras durante varios meses. Llegó un momento en que ya no sabían de qué hablar.

Por fin el barco chocó con algo, y dejó de balancearse. La esposa de Noé miró a su marido, y Noé abrió la escotilla de un golpe y asomó la cabeza. El casco del arca estaba apoyada en tierra, pero la tierra seguía llena de agua. «Noé», le gritó, «¿qué ves?»

«Agua».

Envió un cuervo en una misión de exploración, y nunca regresó. Envió una paloma. Regresó temblorosa y agotada, sin haber encontrado ningún lugar para posarse y dormir. Entonces, justo esa mañana, volvió a intentarlo. Sacó una paloma de las entrañas del arca y subió por la escalerilla. El sol mañanero los dejó a los dos medio bizcos. Al besar el pecho del ave, sintió cómo le latía el corazón. Si se hubiera puesto una mano sobre su propio pecho habría sentido lo mismo. Despidió a la paloma con una oración, y estuvo mirándola hasta que apenas parecía un puntito en el cielo.

Se pasó el día esperando el regreso de la paloma. Entre una tarea y otra, abría la escotilla y buscaba. Los chicos querían que jugara a «ponerle el rabo al burro», pero no quiso. En vez de eso, trepó hasta el nido de la corneja para ver mejor. El viento le movió el pelo, ya lleno de canas. El sol le calentó la cara, que mostraba las huellas de la edad. Pero nada logró alentarle el corazón apesadumbrado. No vio nada en todo el día. Ni por la mañana. Ni después de comer. Ni por la tarde.

Ahora el sol se está poniendo, el cielo se está oscureciendo, y subió a mirar por última vez, pero todo lo que ve es agua. Agua. Agua al norte. Agua al sur. Agua al este. Agua al...

Sabes lo que es esto. Has estado parado en el mismo lugar que Noé. Has conocido un montón de inundaciones. Inundado de dolor en el cementerio, estrés en la oficina, enojo por alguna incapacidad física en tu cuerpo o por la incompetencia de tu cónyuge. Has visto crecer las aguas, y probablemente también has visto ponerse el sol sobre tus esperanzas. Has estado en el arca de Noé.

Y has necesitado lo mismo que necesitó Noé: un poco de esperanza. No pides que te rescate un helicóptero, pero sería muy agradable oír uno. La esperanza no promete una solución instantánea, sino la posibilidad de que exista alguna. A veces lo único que necesitamos es un poco de esperanza.

Eso era todo lo que Noé necesitaba. Y eso fue lo que recibió.

El viejo marinero contempla el sol dividido en dos por el horizonte. No podía imaginar una vista más bella. Pero cambiaría esta y cien más por un acre de tierra seca y una siembra de uvas. La esposa de Noé le recuerda que la cena está servida y que debe cerrar la escotilla. Noé está a punto de dar por finalizado su día, cuando oye el arrullo de la paloma. Así es como se describe el momento en la Biblia: «Y la paloma volvió a él a la hora de la tarde; y he aquí que traía una hoja de olivo en el pico» (Gn 8.11).

Una hoja de olivo. Para Noé hubiera sido suficiente alegría recibir a la paloma, pero ¡la hoja! Esta hoja era algo más que vegetación. Era una promesa. La paloma traía algo más que un trocito de un árbol; traía esperanza. ¿No es eso la esperanza al fin y al cabo? La esperanza es una hoja de olivo; evidencia de tierra seca después de una inundación. Es una prueba para el soñador de que vale la pena arriesgarse a soñar.

¿Acaso no nos encantan las hojas de olivo de la vida?

«Parece que el cáncer está en remisión».

«Puedo echarte una mano con tus problemas económicos».

«Pasaremos por esto juntos».

Y todavía más, ¿no es cierto que nos gustan mucho las palomas que las traen? Cuando el padre alienta al hijo la primera vez que le rompen el corazón, le da una hoja de olivo. Cuando la esposa de muchos años consuela a la esposa recién casada diciéndole que los conflictos son normales y que todos los maridos son caprichosos, y que esas tormentas ya pasarán, ¿sabes lo que está haciendo? Le está dando una hoja de olivo.

Nos encantan las hojas de olivo. Y nos encantan la gente que las traen.

Quizás esa fue la razón por la que tanta gente amó a Jesús.

Jesús se encuentra cerca de una mujer a la que han sacado a empujones del lecho de la promiscuidad. Todavía está mareada por el ataque. Una puerta abierta de golpe, las cobijas echadas a un lado y la fraternidad de policía para la moral irrumpió en la casa. Y aquí está ahora. Noé sólo veía agua. Ella sólo ve enojo. No tiene esperanza.

Pero entonces Jesús habla: «Si alguno de vosotros está libre de pecado, que tire la primera piedra» (Jn 8.7). Silencio. Los ojos y las rocas de los acusadores dan contra el suelo. Un momento después ya se habían ido, y Jesús está solo con la mujer. La paloma de los cielos le ofrece una hoja.

> Enderezándose Jesús, y no viendo a nadie sino a la mujer, le dijo: Mujer, ¿dónde están los que te acusaban? ¿Ninguno te condenó? Ella dijo: Ninguno, Señor. Entonces Jesús le dijo: Ni yo te condeno; vete, y no peques más. (vv. 10–11)

Él trae una hoja de esperanza a su mundo inundado de vergüenza.

Él hace algo parecido por Marta. Ella se encuentra flotando en un mar de dolor. Su hermano está muerto. Acaban de enterrarlo. Y Jesús, bueno, Jesús llegó tarde. «Señor, si hubieses estado aquí, mi hermano no habría muerto». Me imagino que aquí hizo una pausa. «Mas también sé ahora que todo lo que pidas a Dios, Dios te lo dará» (Jn 11.21–22). Igual que Noé abrió la escotilla, Marta abre su corazón. Igual que la paloma trajo una hoja, Cristo trae lo mismo.

> Le dijo Jesús: Yo soy la resurrección y la vida; el que cree en mí, aunque esté muerto, vivirá. Y todo aquel que vive y cree en mí, no morirá eternamente. ¿Crees esto? Le dijo: Sí, Señor; yo he creído que tú eres el Cristo, el Hijo de Dios, que has venido al mundo. (Jn 11.25–27)

¿Cómo se atrevió a decir esas palabras? ¿Quién era Él para afirmar esto? ¿Qué lo cualificaba para ofrecerle gracia a una mujer y una promesa de resurrección a otra? Sencillo. Hizo lo mismo que la paloma. Cruzó los límites de la tierra futura y viajó entre los árboles. Y del bosque de la gracia tomó una hoja para la mujer. Y del árbol de la vida arrancó una ramita para Marta.

Y de los dos también trae hojas para ti. Gracia y vida. El perdón de los pecados. La derrota de la muerte. Esta es la esperanza que nos da. Esta es la esperanza que necesitamos.

En su libro *The Grand Essentials* [Los más grandes fundamentos], Ben Patterson habla de un submarino S-4 que se hundió cerca de la costas de Massachusetts. Toda la tripulación estaba dentro. Se hicieron todos los esfuerzos por rescatar a los marineros, pero todos fallaron. Casi al final de la terrible experiencia, un buzo oyó unos golpes en la pared de acero del submarino hundido. Al apoyar su casco contra el barco, se dio cuenta que estaba oyendo a un marinero que preguntaba en clave Morse: «¿Hay alguna esperanza?»[1]

Al culpable que hace la misma pregunta, Jesús le dice: «¡Sí!»

Al herido de muerte que hace la misma pregunta, Jesús le responde: «¡Sí!»

A todos los Noés del mundo, a todos los que buscan en el horizonte un poquito de esperanza, Él proclama: «¡Sí!» Y viene. Viene en forma de paloma. Viene trayendo frutos de una tierra lejana, de nuestro futuro hogar. Viene con una ramita de esperanza.

¿Has recibido la tuya? No pienses que tu arca está demasiado aislada. No creas que tu inundación es demasiado grande. Tu mayor desafío no es para Dios más que horquillitas y cintas para el pelo. *¿Horquillitas y cintas para el pelo?*

Mi hermana mayor solía darme horquillas cuando era pequeño. Manejaba mi triciclo para arriba y para abajo por la acera, y pretendía que las horquillas eran llaves y que el triciclo era un camión. Pero un día perdí las «llaves». ¡Crisis! ¿Qué podía hacer? Mi búsqueda sólo me dejó llorando y con miedo. Pero cuando le confesé mi error a mi hermana, ella sólo se sonrió. Como era diez años mayor que yo, tenía mejor perspectiva de las cosas.

Dios también tiene una mejor perspectiva. Y con el debido respeto, nuestras luchas más graves, ante sus ojos, no son más que horquillas perdidas. Él no está confundido o desalentado.

Recibe su esperanza, ¿no te parece? Recíbela porque la necesitas. Recíbela para que puedas compartirla con otros.

¿Qué crees que hizo Noé con la suya? ¿Qué crees que hizo con la ramita? ¿Tirarla por la borda y olvidarse de ella? ¿Crees que se la metió en el bolsillo y la guardó para un álbum de recuerdos? ¿O piensas que lanzó un grito de júbilo, reunió a toda la tropa y se la fueron pasando de uno en uno como el Diamante Esperanza que era?

¡Claro que gritó! Eso es lo que haces si tienes esperanza. ¿Qué haces con las hojas de olivo? Se las pasas a otros. No las guardas en el bolsillo. Se las das a los seres amados. El amor nunca pierde la esperanza. «El amor todo lo disculpa, todo lo cree, todo lo *espera*, todo lo soporta» (1 Co 13.4–7 NVI).

El amor tiene esperanza en ti.

El joven escritor principiante necesitaba esperanza. Más de una persona le había dicho: «Es imposible que te publiquen algo». Un mentor le dijo: «A menos que seas un escritor famoso, las casas publicadoras no se molestarán en hablar contigo». Otro le advirtió: «Escribir lleva demasiado tiempo. Además, no creo que de verdad quieras poner todos tus pensamientos en papel».

Al principio les hizo caso. Llegó a pensar que escribir es una pérdida de tiempo y de energías, y se dedicó a otros proyectos. Pero de alguna forma, el papel y la pluma eran como coñac y Coca Cola para el adicto a las palabras. Prefería escribir antes que leer. Así que se puso a escribir. ¿Cuántas noches se pasó en el sofá de la esquina del apartamento barajando verbos y sustantivos? ¿Y cuántas horas pasó su esposa sentada a su lado? Él, tejiendo palabras. Ella, haciendo puntadas de cruz. Por fin, terminó un manuscrito. Lleno de errores, pero terminado.

Ella le dio el empujón final. «Envíalo. No pierdes nada».

Así que el texto salió. Lo envió a quince editoriales. Mientras el matrimonio esperaba, él escribía. Mientras él escribía, ella bordaba. Sin esperar mucho, pero al mismo tiempo esperando todo. Las respuestas comenzaron a amontonarse en el buzón. «Lo sentimos mucho, pero no aceptamos manuscritos que no hemos solicitado». «Nos vemos obligados a devolverle su trabajo. Buena suerte». «Nuestro catálogo no cuenta con una sección para autores que no hayan publicado nada».

Todavía conservo esas cartas. En algún lugar de mi archivo. Tardaría un ratito en encontrarlas. Pero para encontrar los bordados de Denalyn no hay que buscar mucho. Todo lo que hay que hacer es retirar los ojos del monitor y mirar a la pared. «De todas las artes en las que destacan los sabios, la obra maestra de la naturaleza es escribir bien».

Me lo dio cuando recibí la carta número quince. Una editorial dijo que sí. Tengo la carta enmarcada. ¿Qué significa más para mí? ¿El regalo de mi esposa o la carta del editor? El regalo, sin duda alguna. Porque al darme el regalo, Denalyn me dio esperanza.

El amor también lo hace. El amor le acerca una hoja de olivo al amado y le dice: «Tengo esperanza para ti».

Tú también puedes decir estas palabras. Eres un sobreviviente de la inundación. Por la gracia de Dios, has encontrado el camino hacia tierra firme. Sabes lo que es ver calmarse las aguas. Y como lo sabes, porque pasaste la inundación y estás vivo para contarlo, estás calificado para darle esperanza a alguien más.

¿Qué? ¿No te acuerdas de ninguna de las inundaciones del pasado? Permíteme refrescarte un poco la memoria.

¿Recuerdas la adolescencia? ¿Recuerdas el torbellino de los años de la pubertad? ¿Recuerdas las hormonas y los dobladillos de los pantalones? ¿El acné? Fue una época dura. *Sí,* estás pensando, *pero uno la pasa.* Eso es exactamente lo que los adolescentes necesitan oírte decir. Necesitan la hoja de olivo de un sobreviviente.

Igual que las parejas de recién casados. Pasa en todos los matrimonios. La luna de miel termina, el río del romance se convierte en un río de realidad y se preguntan si sobrevivirán. Tú les puedes decir que sí. Has pasado por eso. No fue fácil, pero sobreviviste. Tú y tu cónyuge encontraron tierra seca. ¿Por qué no arrancas una hoja de olivo y la llevas a un arca?

¿Eres un sobreviviente de cáncer? Quien esté en la sala del cáncer necesita hablar contigo. ¿Enterraste a tu pareja y viviste para sonreír otra vez? Entonces, busca a personas que se hayan quedado viudas recientemente y camina con ellas. Tus experiencias te han convertido en delegado de la brigada de la paloma. Tienes la oportunidad —realmente la obligación— de darles esperanza a los que están en el arca.

¿Recuerdas la exhortación de Pablo?

> Bendito sea el Dios y Padre de nuestro Señor Jesucristo, Padre de misericordias y Dios de toda consolación, el cual nos

> consuela en todas nuestras tribulaciones, para que podamos también nosotros consolar a los que están en cualquier tribulación, por medio de la consolación con que nosotros somos consolados por Dios. (2 Co 1.3–4)

Alienta a los que están luchando. ¿No sabes qué decirles? Entonces abre tu Biblia. La hoja de olivo para el cristiano es un versículo de las Escrituras. «Porque las cosas que se escribieron antes, para nuestra enseñanza se escribieron, a fin de que por la paciencia y la consolación de las Escrituras, tengamos esperanza» (Ro 15.4).

¿Tienes una Biblia? ¿Conoces a algún Noé? Entonces, comienza a ofrecer hojas.

A quienes les abate el dolor: «Porque él [Dios] dijo: No te desampararé, ni te dejaré» (He 13.5).

A quienes tienen sentimientos de culpabilidad: «Ahora pues, ninguna condenación hay para los que están en Cristo Jesús» (Ro 8.1).

A los desempleados: «Y sabemos que a los que aman a Dios, todas las cosas les ayudan a bien, esto es, a los que conforme a su propósito son llamados» (Ro 8.28).

A quienes se sienten fuera de la gracia de Dios: «Para que todo aquel que en él cree, no se pierda, mas tenga vida eterna» (Jn 3.16).

Tu Biblia es un cesto lleno de hojas. ¿Por qué no compartes una? Son de gran impacto. Después de recibir la suya, Noé fue otro hombre. «Y entendió Noé que las aguas se habían retirado de sobre la tierra»s (Gn 8.11). Subió la escalerilla lleno de dudas y bajó lleno de confianza.

¡Qué gran diferencia! Y todo por una hoja.

CAPÍTULO

QUINCE

ÉL PUDO HABER DESISTIDO

El amor todo lo soporta.

1 Corintios 13.4–7 NVI

EN CUALQUIER PASO DEL CAMINO PUDO HABERSE ECHADO ATRÁS.

CUANDO VIO EL PISO SUCIO DE SU CASA DE NAZARET.

CUANDO JOSÉ LE ASIGNÓ LA PRIMERA TAREA.

CUANDO SUS COMPAÑEROS DE CLASE SE QUEDABAN DORMIDOS

MIENTRAS SE LEÍA EL TORÁ, SU TORÁ.

CUANDO EL VECINO TOMÓ SU NOMBRE EN VANO.

CUANDO EL GRANJERO PEREZOSO MALDIJO A DIOS POR SU MALA COSECHA.

EN CUALQUIER PASO JESÚS PUDO HABER DICHO: «¡BASTA YA! ¡SE ACABÓ!

ME MARCHO A CASA». PERO NO LO HIZO.

NO LO HIZO PORQUE ÉL ES AMOR.

Él pudo haber desistido. Nadie se habría enterado nunca. Jesús pudo haber desistido.

Una simple mirada al vientre materno pudo haberlo desalentado. Dios es tan irrefrenable como el aire y tan ilimitado como el cielo. ¿Por qué iba a reducir su mundo por nueve meses al vientre de una muchacha?

¿Y nueve meses? Esta es otra razón para desistir. En el cielo no hay meses. En el cielo no existe el tiempo. O, quizás mejor dicho, el cielo tiene todo el tiempo. A nosotros se nos acaba. Nuestro tiempo pasa tan rápido que lo medimos en segundos. ¿No te parece que Cristo preferiría quedarse al otro lado de la montaña del tiempo?

Pudo haberlo hecho. Pudo haber desistido. O, por lo menos, haberse quedado a medio camino. ¿Tenía que hacerse *carne*? ¿Y qué de convertirse en luz? Esta es una idea. El cielo pudo haberse abierto y Cristo podría caer en la tierra en forma de una luz blanca. Y después, en la luz podría haberse oído una voz, un estruendo, un trueno, una voz estremecedora. Balanceándose en una ráfaga de viento y los ángeles haciendo un coro, ¡y todo el mundo se habría dado cuenta!

Pero cuando Él llegó, casi nadie se dio cuenta. No hubo ningún desfile en Belén. El pueblo no le ofreció un banquete. Pensaríamos que un día festivo hubiera sido buena idea. Por lo menos unas cuantas serpentinas en el establo.

Y el establo. ¿No sería este otra razón para que Cristo se echara para atrás? Los establos huelen mal y están sucios. Los establos no tienen pisos de linóleo ni tanques de oxígeno. ¿Cómo van a hacer para cortar el cordón umbilical? ¿Y quién va a hacerlo? ¿José? Un simple carpintero de un pueblo pequeñito. ¿No hay un padre mejor para Dios? Alguien con estudios, de alcurnia. Alguien con influencias. Este tipo ni siquiera pudo conseguir un cuarto en el hotel. ¿Crees que tiene lo que se necesita para ser el padre del Hacedor del universo?

Jesús pudo haber desistido. Imagínate el gran cambio que tuvo que hacer, la distancia que tuvo que recorrer. ¿Cómo sería eso de hacerse carne?

Esta pregunta me vino a la mente hace poco mientras jugaba golf. Estaba esperando mi turno. Me agaché para limpiar la bola y me di cuenta que había un hormiguero junto a ella. Eran un montón, unas encima de otras. Una pirámide móvil de un centímetro de alto.

No sé qué pensarías si vieras hormigas en un campo de golf y estuvieras esperando que te toque lanzar la bola. Pero lo que pensé fue: *¿Por qué están todas ustedes amontonadas? Tienen todo el terreno. ¿Por qué? Si pueden extenderse por todo el campo de golf.* En ese momento me vino una idea a la cabeza: Estas hormigas están nerviosas. ¡Y con razón! Viven bajo una lluvia constante de meteoros. A cada rato una esfera llena de hoyuelos choca con su mundo. *¡Bam! ¡Bam! ¡Bam!* Justo cuando termina el bombardeo, llega el palo gigante. Si sobrevives los pies y los palos, te lanzan un meteoro. Un campo de golf no es un buen sitio para una hormiga.

Así que traté de ayudarlas. Me incliné para asegurarme que me oyeran y les hice una invitación: «Vamos, síganme. Ya encontraremos un lugar mejor por aquí. Conozco bien este sitio». No me miró ni una. «¡Eh, hormigas!» Nada, no hubo respuesta. Entonces me di cuenta de una cosa: *Yo no hablo su idioma.* No hablo hormigués. Puedo sentir hormigueos, pero no hablo hormigués.

Entonces, ¿qué podía hacer para alcanzarlas? Sólo una cosa. Tendría que convertirme en hormiga. Pasar de un metro ochenta y cinco centímetros (6'5") a ser enanito. De pesar unos ochenta kilos a menos de un gramo. Cambiar mi gran mundo por el suyo, minúsculo. Renunciar a las hamburguesas y empezar a comer hierba. «No, gracias», dije. Además, me tocaba lanzar la bola.

El amor recorre distancias... y Cristo viajó desde la eternidad ilimitada a ser confinado por el tiempo para convertirse en uno de nosotros. No tenía por qué. Pudo haber desistido. En cualquier paso del camino pudo haberse echado atrás.

Cuando vio el tamaño del vientre pudo haberse detenido.

Cuando vio lo pequeña que sería su manita, lo suave que sería su voz, el hambre que sentiría en su barriguita, podría haberse detenido. Al primer atisbo del establo maloliente, a la primera ráfaga de aire frío. La primera vez que se raspó la rodilla o se limpió la nariz o comió rosquillas quemadas, pudo haberse dado la vuelta y marcharse.

Cuando vio el piso sucio de su casa de Nazaret. Cuando José le asignó la primera tarea. Cuando sus compañeros de clase se quedaban dormidos mientras se leía el Torá, su Torá. Cuando el vecino tomó su nombre en vano. Cuando el granjero perezoso maldijo a Dios por su mala cosecha. En cualquier paso Jesús pudo haber dicho: «¡Basta ya! ¡Se acabó! Me marcho a casa». Pero no lo hizo.

No lo hizo porque Él es amor. Y el «amor todo lo soporta» (1 Co 13.7). Soportó la distancia. Y lo que es más, soportó la resistencia.

«Y el Verbo se hizo hombre y habitó entre nosotros. Y hemos contemplado su gloria, la gloria que corresponde al Hijo unigénito del Padre, lleno de gracia y de verdad» (Jn 1.14 NVI).

«Hemos contemplado su gloria». ¿A qué se refería Juan con esas palabras? ¿Podría ser que vio en Cristo destellos del cielo? Ocasionales, pero inolvidables, destellos. ¿Podría ser que de vez en cuando Cristo abría su capa de humanidad y permitía que se escapara un rayo de gloria?

David Robinson es uno de los asistentes habituales a nuestra congregación. David es un hombre alto. Mide más de dos metros (7'2") y pesa ciento siete kilos (235 libras). Su grasa corporal es del 6 por ciento. (Eso es lo que tengo yo en cada muslo.) Es uno de los jugadores más valiosos de la NBA (Liga Nacional de Baloncesto), campeón de la NBA y estrella de la NBA. Pero David es mucho más que eso. Ama a Dios y ama a los niños. Por esa razón no resulta difícil imaginarse la escena siguiente.

Digamos que David y su gran corazón aceptan jugar un partido de uno contra uno con una niñita de seis años. Por pura diversión. Ella se lo pide. Él acepta. Los dos están en la misma cancha, jugando con el mismo balón, jugando el mismo juego, pero todo el mundo sabe que este no es el mismo David. Este es un David suave. Un David «restringido». Un David reservado. No jugaría igual contra Shaq O'Neill.

Imagínate que un bravucón comienza a burlarse de la niñita. Incluso baja de las gradas. La insulta y le quita el balón. Se lo arroja tan fuerte, que ella se cae. ¿Sabes lo que podría hacer David? David podría ser David por unos breves momentos. Podría responder a la provocación, levantar al tipo y encestarlo en el canasto como una dona.

Sólo por un momento, el verdadero David tomaría el control.[1]

Hubo momentos en que el verdadero Jesús lo hizo. La mayor parte del tiempo se refrenaba. Pero de vez en cuando, abría la capa. Hubo momentos en que no soportó más las molestias del bravucón salido del infierno.

Cuando la tormenta asustó a los discípulos, se paró y abrió la capa: «¡Cálmate!» Cuando la muerte rompió los corazones de sus amigos, fue al cementerio y abrió la capa: «¡Levántate!» Cuando la enfermedad le robaba la alegría a sus hijos, tocó al leproso con su poder: «¡Sé sano!»

«Por un momento» —seguro que Juan suspiró cuando escribió estas palabras—«contemplamos su gloria».

Unos cuantos, como Juan, se asombraron con lo que vieron. Otros, en cambio, se lo perdieron. Se perdieron la gloria de Dios. Por la razón que sea, se la perdieron. ¿Cómo reaccionaron ante su presencia?

«Y se burlaban de él» (Mt 9.24).

« Muchos de ellos decían: Demonio tiene, y está fuera de sí; ¿por qué le oís?» (Jn 10.20).

«Y los que pasaban le insultaban, meneando sus cabezas» (Mr 15.29).

«Y oían también todas estas cosas los fariseos, que eran avaros, y se burlaban de él» (Lc 16.14).

Isaías ya había profetizado tal recibimiento: «Despreciado y desechado entre los hombres» (Is 53.3).

Juan resumió el rechazo con estas palabras: «En el mundo estaba, y el mundo por él fue hecho; pero el mundo no le conoció. A lo suyo vino, y los suyos no le recibieron» (Jn 1.10–11).

¿Cómo soportó Cristo esos tratos? En cualquier momento pudo haber dicho: «Me rindo. Ya es suficiente». ¿Por qué no lo hizo? ¿Qué le impidió desistir?

Me pregunto si Lee Ielpi entiende la respuesta. Es un bombero jubilado, un bombero de la ciudad de Nueva York. Sirvió a la ciudad por veintiséis años. Pero el 11 de septiembre del 2001 le dio mucho más. Le entregó a su hijo. Jonathan Ielpi también era bombero. Cuando cayeron las Torres Gemelas, él se encontraba allí.

Los bomberos son muy leales. Cuando alguno muere en la línea del deber, dejan el cuerpo donde cae hasta que un bombero que conozca a la persona llegue y, literalmente, lo recoja. Lee convirtió en su misión personal encontrar el cuerpo de su hijo. Excavó todos los días con docenas de otros bomberos, en la tumba de cuatro hectáreas. El martes 11 de diciembre, tres meses después del desastre, encontraron a su hijo. Y Lee estuvo allí para sacarlo.[2]

No desistió. El padre no se dio por vencido. Se negó a darse la vuelta y marcharse. ¿Por qué? Porque el amor por su hijo era más grande que el dolor que le produjo la búsqueda. ¿Acaso no puede decirse lo mismo de Cristo? ¿Por qué no se dio por vencido? Porque el amor por sus hijos era más grande que el dolor del viaje. Él vino a sacarte. Tu mundo había colapsado. Por eso vino. Estabas muerto, muerto en el pecado. Por eso vino Jesús. Él te ama. Por eso vino.

Por eso soportó la distancia entre nosotros. «El amor todo lo soporta».

Por eso soportó nuestra resistencia. «El amor *todo* lo soporta».

Por eso dio el paso final de la encarnación: «Al que no conoció pecado, por nosotros lo hizo pecado, para que nosotros fuésemos hechos justicia de Dios en él» (2 Co 5.21).

¿Por qué Jesús hizo esto? Sólo hay una respuesta. Y esa respuesta tiene una palabra. Amor. Y el amor de Cristo «todo lo cree, todo lo espera, todo lo soporta» (1 Co 13.7). Piensa en eso por un momento. Bebe de esto por un momento. Bebe sin prisa. No des unos cuantos sorbitos. Es hora de tragar. Ya es hora de dejar que su amor cubra toda tu vida. Todos los secretos. Todas las heridas. Todas las horas de dolor, todos los minutos de preocupación.

¿Las mañanas que te despertaste en un lecho ajeno? Su amor las cubrirá. ¿Los años que rebosabas de orgullo y prejuicio? Su amor los cubrirá. Todas las promesas rotas, las drogas que consumiste, cada céntimo que robaste, cada insulto, cada palabra dura, cada maldición. Su amor cubre todo.

Permite que así sea. Descúbrelo con el salmista: «El que te corona de favores y de misericordia» (Sal 103.4). Imagínate un camión de la basura gigante lleno de amor. Tú estás detrás. Dios sube la plataforma y el amor comienza a deslizarse. Primero va despacio, después más y más rápido, hasta que quedas completamente enterrado. Su amor te cubrió por completo.

«Hey, ¿dónde estás?», pregunta alguien.

«Aquí, cubierto de amor».

Deja que su amor cubra todas las cosas.

Hazlo por Él. Para la gloria de su nombre.

Hazlo por ti. Por la paz de tu corazón.

Y hazlo por el bien de otros. Por las personas de tu vida. Deja que su amor caiga sobre ti para que el tuyo caiga sobre ellos.

CAPÍTULO

DIECISÉIS

AMOR INAGOTABLE

El amor nunca deja de ser.

1 Corintios 13.8

DIOS TE AMA SIMPLEMENTE PORQUE ASÍ LO HA DECIDIDO.

TE AMA CUANDO NO TE SIENTES DIGNO DE QUE TE AMEN.

TE AMA CUANDO NADIE MÁS LO HACE.

PUEDE QUE OTROS TE ABANDONEN, SE DIVORCIEN DE TI Y TE IGNOREN,

PERO DIOS TE AMARÁ. SIEMPRE. PASE LO QUE PASE.

Mi amigo Mike me contó que Rachel, su hija de tres años, perdió el equilibrio y se dio un golpe en la cabeza con la esquina de un calentador eléctrico. Después de gritar, se desmayó. Sus padres la llevaron inmediatamente al hospital y allí los estudios revelaron que tenía una fractura de cráneo.

Bastante traumático para una niña. Bastante traumático para mamá y papá. Rachel permaneció toda la noche en observación y después la mandaron a casa. Se pasó varios días increíblemente tranquila. Pero Mike se dio cuenta de que ya estaba bien una mañana en que la oyó hablando consigo misma. Él estaba todavía en la cama y ella estaba en su habitación. «¿Osito? ¿Perrito? ¿Oveja? ¿Bebé? ¿Ruff-ruff?», Mike sonrió. Su hija estaba pasando lista en su cuna, asegurándose de que todos sus amigos estaban allí. Después de todo, había pasado por una experiencia terrible y quería asegurarse de que todo estaba en orden.

Pasaron unos minutos de silencio y después continunó: «¿Ojos? ¿Nariz? ¿Pelo? ¿Mano? ¿Cerdito?» Después de verificar que sus amigos estaban allí, Rachel estaba haciendo un inventario de ella misma.

Imagínate que seguimos su ejemplo. Antes de terminar este libro, hagamos un inventario. Pasemos revista a nuestras relaciones. Piensa por un momento en la gente que te rodea. Si quieres anotar nombres en el margen, adelante. Tu esposo, esposa, hijos, maestros, amigos, padres, compañeros de trabajo. Piensa un momento. ¿Quiénes son las personas que componen tu mundo?

A medida que van surgiendo los nombres, permíteme susurrarte un recordatorio. ¿No son valiosos? ¿No son algo esencial? ¿No vale la pena hacer lo que sea para cuidar esas relaciones? Por supuesto que la gente puede ser difícil. Pero aún así ¿qué es más importante que la gente?

Considéralo de esta manera. Cuando llegues al final de tu vida, ¿qué es lo que vas a desear? Cuando la muerte te extienda sus manos, ¿dónde vas a buscar aliento? ¿Vas a abrazar ese título universitario que está en el marco de madera? ¿Vas a pedir que te lleven al garaje para sentarte en el coche? ¿Crees que te consolará releer tu estado financiero? Seguro que no. Lo que nos va a importar será la gente. Entonces, si las relaciones van a ser tan importantes en ese momento, ¿no nos deberían importar ahora?

¿Qué puedes hacer para fortalecerlas? Seguir el ejemplo de Rachel es un buen comienzo. Hizo inventario de sus manos y su pelo; hagamos nosotros un inventario de nuestros corazones. ¿Estoy viviendo en la corriente del amor de Dios? ¿Hasta qué punto amo a la gente que hay en mi vida? ¿La forma en que trato a la gente refleja la forma en que Dios me ha tratado?

No siempre es fácil amar a la gente. De hecho, este libro ha sido un desafío para algunos de ustedes. Te has visto forzado a volver a pensar acerca de ciertas personas de tu vida a las que te cuesta amar. Este es un tema serio. No es fácil amar a los que nos han causado ataques al corazón, abuso, rechazo o soledad. Algunos se preguntan cómo pueden llegar a amar a la gente que tanto daño les ha causado. Entonces, ¿qué puedes hacer?

La sabiduría convencional dice que la falta de amor implica falta de esfuerzo, así que tratamos con más ahínco y nos esforzamos más.

Pero, ¿acaso la falta de amor podría implicar algo más? ¿No será que nos estamos saltando un paso? ¿Un paso fundamental?

¿Será que estamos tratando de dar lo que no tenemos? ¿Estamos olvidando recibir primero?

La mujer de Capernaum no lo olvidó. ¿Recuerdas su historia, en el primer capítulo? ¿Recuerdas cómo le prodigó amor a Cristo? Le lavó los pies con lágrimas. Se los secó con el cabello. Si el amor fuera una cascada, ella sería el Niágara.

Y Simón... la verdad es que Simón era un Sahara. Seco. Cuarteado. Duro. Su árido corazón nos sorprende. Él era de los que iba a la iglesia, el pastor, el estudiante de seminario. Ella, en cambio, era la ramera del pueblo. Él había olvidado más de la Biblia que lo que ella llegó a conocer. Pero ella había descubierto una verdad que Simón, de alguna manera, había pasado por alto: el amor de Dios no tiene límites.

El amor de Dios alcanza el estándar de nuestro pasaje final. Pablo dice: «El amor nunca deja de ser» (1 Co 13.8).

El verbo que usa Pablo para la frase *dejar de ser* se emplea en otro contexto para describir cuando una flor cae al suelo, ni se marchita y se descompone. Lleva implícito el significado de muerte y anulación. El amor de Dios, según el apóstol, nunca se caerá al suelo, se marchitará ni se descompondrá. Por su naturaleza, es algo permanente. Nunca desaparecerá.

La NVI dice: «El amor jamás se extingue».

El amor nunca deja de ser.

Los gobiernos van a caer, pero el amor de Dios durará por siempre. Las coronas son temporales, pero el amor es eterno. Tu dinero se acabará, pero su amor no.

¿Cómo Dios tiene un amor como este? Nadie tiene un amor infalible. Ninguna persona puede amar de forma perfecta. Tienes razón. Nadie puede hacerlo. Pero Dios no es una persona. A diferencia de nuestro amor, el suyo nunca termina. Su amor es completamente diferente al nuestro.

Nuestro amor depende de quién es el receptor. Si mil personas nos pasaran por delante, no sentiríamos lo mismo por todos. Nuestro amor está regulado por su aspecto físico y su personalidad. Incluso si llegamos a conocer a gente que sea parecida a nosotros, nuestros sentimientos fluctúan. Según nos traten, así los amaremos. El receptor regula nuestro amor.

Con el amor de Dios no pasa esto. No tenemos ningún efecto en su termómetro de amor para nosotros. El amor de Dios le nace de adentro; no depende de lo que vea en nosotros. Es un amor sin causa y espontáneo. Como dijo una vez Charles Wesley: «Nos amó. Nos amó. Porque no podría haber hecho otra cosa».[1]

¿Nos ama por nuestra bondad? ¿Por nuestra amabilidad? ¿Por nuestra gran fe? No, nos ama por *su* bondad, *su* amabilidad, *su* gran fe. Juan lo plantea así: «En esto consiste el amor: no en que nosotros hayamos amado a Dios, sino en que él nos amó a nosotros» (1 Jn 4.10).

¿No te alienta saber esto? El amor de Dios no depende de tu amor. La cantidad de tu amor no hace que el suyo aumente. Tu falta de amor no hace que disminuya. Tu bondad no eleva su amor, ni tu debilidad lo diluye. Dios nos dice lo mismo que Moisés le dijo a Israel:

> No por ser vosotros más que todos los pueblos os ha querido Jehová y os ha escogido, pues vosotros erais el más insignificante de todos los pueblos; sino por cuanto Jehová os amó. (Dt 7.7–8)

Dios te ama simplemente porque así lo ha decidido. Te ama cuando no te sientes digno de que te amen. Te ama cuando nadie más lo hace. Puede que otros te abandonen, se divorcien de ti y te ignoren, pero Dios te amará. Siempre. Pase lo que pase.

Esto es lo que Él siente: «Llamaré pueblo mío al que no era mi pueblo, y a la no amada, amada» (Ro 9.25).

Esta es su promesa: «Con amor eterno te he amado; por tanto, te prolongué mi misericordia» (Jer 31.3).

¿Sabes qué más significa esto? Que cuentas con un acuífero de amor al que puedes acudir siempre. Si te resulta difícil amar, entonces ¡necesitas tomar de él! ¡Bebe sin parar! ¡Bebe diariamente!

No olvides que el amor es un fruto. Si te metes en el huerto de Dios, ¿qué es lo primero que ves? «*Amor*, gozo, paz, paciencia, benignidad, bondad, fe, mansedumbre y dominio propio» (Gá 5.22).

El amor es un fruto. ¿Un fruto de quién? ¿De tus esfuerzos y tu trabajo? ¿De tu profunda fe? ¿De tu gran resolución? No. El amor es un fruto del Espíritu de Dios. «Pero el fruto del Espíritu es» (Gá 5.22).

Y, esto es muy importante, tú eres una rama de la viña de Dios. «Yo soy la vid, vosotros los pámpanos» (Jn 15.5). ¿Necesitas un curso que te refresque cómo funcionaban las viñas? ¿Cuál es la función de la rama o pámpano para que nazca el fruto? Las ramas no gastan mucha energía. Nunca oyes que los jardineros traten a las ramas por agotamiento. Las ramas no van a clínicas para recuperarse del estrés. Tampoco murmuran o se quejan: «Tengo que hacer salir esta uva. Tengo que hacer salir esta uva. ¡Voy a hacer que salga esta uva así me cueste la vida!»

No, la rama no hace nada de esto. La rama tiene sólo una tarea: nutrirse de la vid. Y tú también tienes una única tarea: nutrirte de Jesús. «Yo soy la vid, vosotros los pámpanos; el que permanece en mí, y yo en él, éste lleva mucho fruto; porque separados de mí nada podéis hacer» (Jn 15.5).

No le peleamos al Señor con relación a la última línea, ¿no es cierto? Lo hemos aprendido de la manera más dura: separados de Él nada podemos hacer. ¿No crees que ya es hora de aprender qué pasa si nos mantenemos unidos a Él?

Su trabajo es producir fruto. Nuestro trabajo es permanecer en nuestro sitio. Cuanto más cerca estemos a Jesús, mejor fluirá su amor en nosotros. Y ¡vaya amor! Paciente. Bondadoso. No envidioso. No es rudo. No es orgulloso.

Vamos a reescribir 1 Corintios 13.4–8 (NVI) una vez más. No con el nombre de Jesús ni con el tuyo, sino con ambos. Léelo en voz alta con tu nombre en el blanco y dame tu opinión.

Cristo en __________ es paciente, Cristo en __________ es bondadoso, Cristo en __________ no es envidioso, Cristo en __________ no es jactancioso, Cristo en __________ no es orgulloso. Cristo en __________ no se comporta con rudeza, Cristo en __________ no es egoísta, Cristo en __________ no guarda rencor. Cristo en __________ no se deleita en la maldad sino que se regocija con la verdad. Cristo en __________ todo lo disculpa, todo lo cree, todo lo espera, todo lo soporta. Cristo en __________ jamas se extingue.

¿Llegaremos a amar así alguna vez? ¿Llegaremos a amar a la perfección? No. En este lado del cielo Dios es el único que puede hacerlo. Pero sí podemos amar mejor que antes.

Cuando la bondad sólo llega de mala gana, podemos recordar su bondad para con nosotros y pedirle que nos dé bondad y que nos haga más bondadosos. Cuando nos falta paciencia le podemos dar las gracias por la suya y pedirle que nos haga más pacientes. Cuando nos resulta difícil perdonar, no haremos una lista de todos los agravios que hemos sufrido. En vez de eso, haremos una lista de todas las veces que hemos recibido gracia y oraremos para que nos resulte más fácil perdonar. Primero recibiremos para dar más tarde. Beberemos sin parar del inagotable amor celestial. Y al hacerlo, descubriremos un amor que vale la pena compartir.

GUÍAS

PARA DISCUSIÓN

UN AMOR QUE PUEDES COMPARTIR

STEVE HALLIDAY

CAPÍTULO UNO

EL PRINCIPIO 7.47

Amor que recuerda

1. No podemos dar lo que nunca hemos recibido. Si nunca hemos recibido amor, ¿cómo podemos amar a otros?
   A. ¿Estás de acuerdo en que no podemos dar lo que nunca hemos recibido? Explica tu respuesta.
   B. ¿Cómo se «recibe» el amor? ¿Cómo se «rechaza» el amor?
   C. ¿Has recibido el amor de Dios? Explica.

2. Nuestras relaciones necesitan algo más que un gesto social. Algunos de nuestros cónyuges necesitan que les lavemos los pies. Algunos de nuestros amigos necesitan una inundación de lágrimas. Nuestros hijos necesitan ser cubiertos con el aceite de nuestro amor.
   A. Si estás casado(a), ¿cuáles son las necesidades de tu cónyuge en el día de hoy? ¿Qué necesita tu amigo más cercano? Si tienes hijos, ¿qué necesitan?
   B. ¿Cómo puedes cubrir a otros «con el aceite» de tu amor?
   C. ¿En qué sentido necesitas tú ser cubierto «con el aceite» del amor de otros?

3. ¿Cómo podemos amar como ama Dios? Queremos hacerlo. Anhelamos hacerlo. Pero ¿cómo podemos hacerlo? Cuando vivimos sabiendo que nos aman. Siguiendo el Principio 7.47: primero, recibir; segundo, amar.
   A. ¿Cómo te ama Dios?
   B. ¿Qué significa para ti la frase «vivir sabiendo que nos aman»? ¿Estás viviendo así? Explica.
   C. ¿Cómo recibes el amor de Dios día a día?

Amor profundo

1. Lee Lucas 7.36–50.
   A. Describe la escena en tus propias palabras. ¿Qué sucedió?
   B. ¿Qué lección quería Jesús que Simón aprendiera? ¿Qué hizo para comunicarle esa lección?
   C. ¿Qué principio desarrolló Jesús en el v. 47? ¿Cómo se relaciona esto con tu vida? Explica.

2. Lee 1 Juan 4.9–11.
   A. ¿Cómo es el amor de Dios?
   B. ¿En qué sentido se supone que nuestro amor debe basarse en el de Dios?
   C. ¿Por qué nos ama Dios? ¿Por qué se supone que debemos amar a otros?

3. Lee Efesios 4.32—5.2.
   A. ¿Qué tres mandamientos nos da Dios en el v. 32? ¿Qué ejemplo ofrece para demostrar *cómo* debemos obedecer esos mandamientos?
   B. ¿Qué mandamiento nos da Dios en el v. 1? ¿Cómo podemos obedecer este mandamiento? ¿Qué nos da la habilidad de obedecer este mandamiento, según la segunda parte del versículo?
   C. ¿Qué mandamiento nos da Dios en el v. 2? ¿Qué ejemplos se presentan? ¿Cómo podemos seguir su ejemplo de forma práctica?

Amor que se da

1. Piensa en la persona más cercana a ti (cónyuge, amigo, hijo, padre o madre, etc.). Durante un día completo haz una lista de las razones por las que esta persona está tan cercana a ti. ¿Por qué la amas? Después, al final del día, haz otra lista,

respondiendo a la pregunta: «¿Qué puedo hacer para mostrarle mejor mi amor a esta persona?» Y por último, antes de que termine la semana, comienza a hacer por lo menos una de las cosas que escribiste en la segunda lista.

2. ¿Qué oportunidades de trabajo voluntario hay en tu comunidad? Separa algún tiempo durante el próximo mes para servir a otros en una manera que no te resulte familiar. ¿Cómo puedes mostrarle el amor de Dios a esas personas?

CAPÍTULO DOS

EL BUQUE INSIGNIA DEL AMOR

Amor que recuerda

1. Pablo nos presenta la paciencia como la expresión primordial del amor. Se encuentra al frente de la flota del amor del apóstol, por delante de la bondad, la cortesía y el perdón. El buque insignia es la paciencia.
   A. ¿Alguna vez has considerado la paciencia como la «expresión primordial del amor»? Explica.
   B. ¿Por qué crees que Pablo colocó la paciencia al frente de la flota del amor? ¿En qué sentido la paciencia es una demostración de amor?
   C. ¿Te consideras una persona paciente? Explica.
   D. ¿Qué cosas hace Dios para tratar de edificar tu paciencia?

2. La paciencia es algo más que una virtud que usamos cuando nos toca hacer cola o esperar algo durante mucho tiempo. La paciencia es la alfombra roja sobre la que se acerca a nosotros la gracia de Dios.
   A. ¿En qué sentido la paciencia es la alfombra roja sobre la que se acerca a nosotros la gracia de Dios? ¿Qué significa que la gracia de Dios se acerca a nosotros?
   B. ¿Cómo Dios es paciente con nosotros? ¿Cómo es paciente *contigo*?
   C. ¿Cómo se relacionan la gracia y la paciencia? ¿En qué sentido son opuestas?

3. ¿Hasta qué punto estás familiarizado con la paciencia de Dios? Has oído hablar de ella. Has leído cosas sobre ella. Quizás has subrayado pasajes de la Biblia sobre esto. Pero, ¿la has recibido? La prueba está en tu paciencia.

A. ¿Qué significa «recibir la paciencia de Dios»? ¿La has recibido? Explica.
B. Hasta ahora, al mirar atrás en tu vida, ¿qué te ha enseñado la Biblia sobre la paciencia? ¿Estás luchando con alguna de estas lecciones? Explica.
C. ¿Te describiría la gente como una persona paciente? Explica.

Amor que profundiza

1. Lee Romanos 2.1–4.
   A. ¿Por qué nuestra tendencia a juzgar a otros revela una falta de entendimiento acerca de la paciencia de Dios? ¿Tiendes a criticar a otros? Explica.
   B. ¿Cómo es posible despreciar las riquezas de la bondad de Dios? (v. 4)?
   C. ¿En qué sentido nos guía la paciencia de Dios al arrepentimiento?
   D. ¿Dónde estarías ahora si Dios no fuera paciente contigo? ¿Por qué es importante recordar esto cuando tratas con otros?

2. Lee 2 Pedro 3.8–9.
   A. ¿Qué quiere Pedro que no olvidemos (v. 8)? ¿Por qué es tan importante?
   B. ¿Por qué a veces pensamos que el Señor es lento en mantener su promesa?
   C. ¿Por qué Dios es paciente con nosotros (v. 9)? ¿Qué motivos tiene?
   D. ¿Cómo podemos usar la paciencia de Dios como ejemplo al tratar con otros?

3. Lee Mateo 18.21–35.
   A. ¿Qué motivó a Jesús a narrar esta historia? ¿Qué crees que se ocultaba bajo su pregunta?

B. Vuelve a narrar la historia en tus propias palabras.
C. ¿Cuál era el problema del primer siervo? ¿Y el del segundo?
D. ¿Cuál es el punto principal de la historia de Jesús? ¿En qué te afecta a ti? Explica.
E. ¿En qué sentido responde la historia de Jesús a la pregunta de Pedro del v. 21? ¿Qué relación hay entre esto y la paciencia?

Amor que se da

1. Responde a las siguientes preguntas: ¿Cómo te mostró Dios paciencia durante la semana pasada? ¿Y durante el año pasado? ¿Mostró paciencia al guiarte a la salvación? De ser así, ¿cómo? ¿Cómo has respondido a su paciencia?

2. ¿Con quién eres más propenso a mostrarte impaciente? ¿Con tu cónyuge? ¿Con tu hijo o tu hija? ¿Con algún compañero de trabajo? ¿Algún vecino? Pasa tiempo esta semana orando por tu impaciencia hacia esa persona. Pídele a Dios que te muestre específicamente qué puedes hacer para mostrar paciencia hacia esa persona. Observa después tu comportamiento durante el mes siguiente, y pídele a Dios que te aliente y te discipline en la medida que lo necesites.

CAPÍTULO TRES

Tu cociente de bondad

Amor que recuerda

1. La bondad de Jesús. Rápidamente pensamos en su poder, en su pasión y en su devoción. Pero los que están cerca de Él sabían y saben que Dios lleva un manto de bondad.
   A. Cuando piensas en Jesús, ¿sueles acordarte de su bondad? Explica.
   B. ¿Qué significa para ti la bondad? ¿Cómo te han mostrado bondad otras personas?
   C. ¿Qué significa «llevar un manto» de bondad? ¿Qué te sugiere esa imagen?

2. ¿No es cierto que la bondad es más que buena para ti? ¿Agradable *y* práctica? La bondad no sólo dice buenos días, la bondad hace el café.
   A. ¿Cómo te ha ministrado la bondad de otros?
   B. ¿Por qué la bondad es agradable y práctica al mismo tiempo?
   C. ¿Por qué la bondad auténtica nunca está inactiva? ¿Por qué siempre tiene que estar haciendo *algo*?

3. ¿Hasta qué punto eres una persona amable? ¿Cuál es tu cociente de bondad? ¿Cuándo fue la última vez que mostraste algún gesto de bondad en tu familia —acercarle a alguien una cobija, recoger la mesa, preparar el café— sin que te lo pidieran?
   A. ¿Cómo responderías cada una de estas preguntas?
   B. ¿Crees que otros usarían la palabra *bondadoso* para describirte? Explica, sobre todo si ellos lo ven de forma diferente a como tú lo ves.

Amor que profundiza

1. Lee Tito 3.3–7.
   A. ¿Cómo describe Pablo a los que aún no han recibido el amor de Dios (v. 3)?
   B. ¿De qué forma apareció la bondad de Dios (v. 4)? ¿Qué forma tomó esta bondad?
   C. ¿Cuál es la relación entre la bondad de Dios y nuestra salvación? ¿Qué papel desempeñó la bondad de Dios en su oferta de salvación?
   D. ¿Qué imágenes concretas nos da Pablo en este pasaje sobre la bondad de Dios? ¿Qué *hizo* la bondad de Dios?

2. Lee Lucas 6.27–36.
   A. Haz una lista de los mandamientos que da Jesús en este pasaje.
   B. ¿Cuál es la relación entre la bondad y todos estos mandamientos?
   C. ¿Por qué nos dice Jesús que Dios «es bondadoso con los ingratos y malvados» (v. 35)? ¿Qué efecto se supone que debe tener en nosotros tal afirmación?
   D. ¿De qué forma relaciona Jesús la bondad de Dios con la misericordia que debemos mostrarle a otros (vv. 34–35)?

3. Lee Colosenses 3.12–14.
   A. ¿Con qué se nos dice que nos vistamos?
   B. Haz una lista de las formas prácticas en que este pasaje encarna la bondad. ¿Qué hace la bondad? ¿Qué no hace?

Amor que se da

1. Lee el Evangelio de tu elección, fijándote en ejemplos de Jesús teniendo gestos bondadosos. ¿Cómo mostró el Maestro la bondad de Dios? ¿Cómo podemos imitar su obra?

2. Jesús nos dice que seamos bondadosos incluso con aquellos que nos tratan mal. ¿Qué personas de tu esfera de influencia han sido poco bondadosas contigo? ¿Qué acto de bondad le podrías mostrar a dicha persona durante esta semana? Piensa y ora por esto. Ora para que Dios te use para tocar a esta persona, pero incluso si la persona no responde con bondad, toma la decisión de continuar reflejando la bondad de Dios a pesar de eso.

CAPÍTULO CUATRO

INFLAMADO

Amor que recuerda

1. Lo que nace inocente es mortal en la adolescencia. Si no se hace nada, el fuego consume todo lo consumible.
   A. ¿Cómo se manifiesta la envidia en la inocencia? ¿Por qué es mortal en la adolescencia?
   B. ¿Por qué la envidia consume todo lo que toca?
   C. ¿En qué situaciones eres más propenso a luchar con la envidia? ¿Qué haces en esas situaciones?

2. Dios retiene lo que deseamos para darnos lo que necesitamos.
   A. ¿Qué deseos te ha retenido Dios hasta ahora? ¿Por qué crees que lo ha hecho?
   B. Describe una situación en la que Dios retuvo el deseo personal de alguien para atender una necesidad.
   C. ¿Qué crees que necesitas más el día de hoy? Explica.

3. Tu Padre te ofrece amor verdadero. Su devoción es genuina, pero no te la dará hasta que no entregues las imitaciones.
   A. ¿Cómo describirías el amor verdadero de Dios, el «amor de calidad»? ¿Cuál es tu experiencia con él?
   B. ¿Qué imitaciones has retenido en el pasado?
   C. ¿Cómo puedes rendir las imitaciones? ¿Qué conlleva esto?

Amor que profundiza

1. Lee Salmo 37.1–3.
   A. ¿Por qué somos tentados a preocuparnos a causa de los malignos y a sentir envidia de los que hacen cosas malas?

B. ¿Cómo sugiere David en este pasaje que combatamos la envidia? ¿Qué tenemos que recordar?
C. ¿En qué sentido es la confianza un antídoto contra la envidia?

2. Lee Proverbios 14.30.
   A. Describe un corazón que siente paz. ¿A qué se parece? ¿Por qué un corazón así le da «vida al cuerpo»?
   B. ¿En qué sentido la envidia «carcome los huesos»? ¿Qué significa esto?
   C. ¿Qué hacemos para conseguir un corazón en paz y evitar esa envidia que carcome los huesos?

3. Lee Santiago 4.1–6.
   A. Según Santiago, ¿cuál es la causa de luchas y peleas entre nosotros (v. 1)?
   B. Describe una situación en la que fuiste testigo del poder destructivo de la envidia en una relación.
   C. ¿Cuál es el antídoto para la envidia y las peleas que esta ocasiona?
   D. Santiago dice que el Espíritu cela intensamente (v. 5) y que es algo bueno. ¿En qué sentido cela el Espíritu? ¿Cómo puede ser bueno este tipo de envidia divina, pero malo el nuestro?

Amor que se da

1. Trata de considerar la envidia desde otra perspectiva. ¿Qué cosas tienes tú (talentos, recursos, posesiones, relaciones) que otros podrían envidiar? Sé tan sincero como te sea posible: ¿Alguna vez has presumido de estas cosas para encender la envidia de otros? En caso afirmativo, ¿qué puedes hacer para mitigar la posibilidad de provocar la envidia de otros?

CAPÍTULO CINCO

DIOS Y LA LEY DEL MÁS FUERTE

Amor que recuerda

1. ¿Serías capaz de hacer lo que hizo Jesús? Cambió un castillo impoluto por un establo mugriento. Cambió la alabanza de los ángeles por la compañía de asesinos. Él podía sostener el universo en la palma de la mano, pero renunció a ello para estar en el vientre de una muchacha.
   A. Contesta la pregunta anterior y explica tu respuesta.
   B. ¿Qué crees que a Jesús le costó más entregar? ¿Por qué?
   C. Si hubieras sido Jesús, ¿qué crees que habrías hecho de forma diferente? Explica.

2. ¿Qué te resulta más importante ser visto o que se haga el trabajo? Cuando un hermano o hermana recibe algún tipo de honor, ¿te alegras o te pones celoso?
   A. Contesta la pregunta anterior y explica tu respuesta.
   B. Describe la última vez que hiciste un trabajo excelente y no comentaste nada sobre él.
   C. ¿Te considerarías una persona humilde? Explica.

3. La humildad verdadera no consiste en pensar mal de ti, sino en pensar con precisión. El corazón humilde no dice: «No puedo hacer nada». Dice: «No puedo hacer todo. Sé cuál es mi parte, y estoy feliz haciéndola».
   A. ¿Conoces tus puntos fuertes en el mismo grado que tus puntos débiles? Explica.
   B. ¿Eres feliz haciendo tu parte? Explica.
   C. ¿Quién es la persona más humilde que conoces? Descríbela. ¿Qué la hace ser tan humilde?

Amor que profundiza

1. Lee Mateo 23.5–12.
   - A. Los vv. 5–7 muestran una imagen de personas que desean ser vistas. ¿Qué está mal en esta imagen?
   - B. ¿Cómo nos dice Jesús que combatamos la presunción (vv. 8–11)?
   - C. ¿Cómo puede ser grande un siervo?
   - D. ¿Qué le promete Jesús al humilde? ¿Qué les promete a los que se exaltan a sí mismos (v. 12)?

2. Lee Filipenses 2.3–11.
   - A. ¿Qué principio general nos da Pablo en el v. 3? ¿Cómo se debe aplicar este principio a la vida diaria?
   - B. ¿En qué sentido nos da el v. 4 un ejemplo práctico de mostrar humildad? ¿Cómo podrías llevarlo a la práctica hasta un grado mayor en tu propia vida?
   - C. ¿Cómo ejemplifica Jesús un estilo de vida de humildad?
   - D. ¿Cómo Dios recompensará a Jesús por su humildad? ¿De qué forma resulta esto un incentivo para nosotros?

3. Lee Romanos 12.3–10.
   - A. ¿Cómo debemos pensar de nosotros mismos (v. 3)? ¿Qué significa esto?
   - B. ¿En qué sentido nos ayuda a ser humildes pensar en el cuerpo de Cristo (vv. 4–8)?
   - C. ¿Cómo podemos honrarnos unos a otros por encima de nosotros mismos (v. 10)? ¿Qué supone esto para ti personalmente?

Amor que se da

1. Organiza un «día de honor». Dale tu tiempo a alguna otra persona: un anciano, un niño, un inválido. Prodígale a esa

persona un amor como el de Cristo, haciendo que se sienta especial. Al final del día, escribe todo lo que has aprendido sirviendo y amando.

2. Prepara una pequeña ceremonia de lavatorio de pies. Ve a casa de algún pariente o amigo, lee en voz alta Juan 13.1–17, y después revive la escena. Y asegúrate de que tu espíritu de servicio sigue contigo ¡cuando termine la ceremonia!

CAPÍTULO SEIS

UN LLAMADO A LA CORTESÍA

Amor que recuerda

1. A la hora de definir lo que no es el amor, Pablo pone la grosería en la lista.
   A. ¿Cuál ha sido la cosa más ruda y grosera que te han hecho?
   B. ¿Y lo más rudo que tú le has hecho a alguien?
   C. ¿Cómo te sientes cuando alguien es grosero contigo? ¿Cómo sueles reaccionar?

2. Dios nos llama a preocupaciones más altas y nobles. No es: «¿Cuáles son mis derechos?» sino «¿Cómo actuar amablemente?»
   A. Sé sincero: ¿Qué sueles pensar en primer lugar, en tus derechos o en cómo actuar más amablemente?
   B. ¿Qué tiene que ver la cortesía con el amor?
   C. Describe tu gesto más amable de esta semana.

3. ¿No aprecia el novio a la novia? ¿No la respeta? ¿No la honra? Permítele a Cristo hacer lo que está deseando hacer Porque a medida que recibes su amor, te será más fácil dárselo a otros.
   A. ¿Por qué una novia y un novio nunca son groseros el uno con el otro durante la ceremonia de la boda? ¿Qué cambia con el matrimonio?
   B. ¿En qué ambientes tiendes a ser más grosero? ¿Cómo puedes superar esa tentación?

Amor que profundiza

1. Lee Lucas 4.22.

A. ¿Por qué (al principio) todo el mundo hablaba bien de Jesús?
B. ¿Qué clase de palabras había en boca de Jesús?
C. ¿En qué sentido son esas palabras contrarias a las palabras groseras?

2. Lee Colosenses 4.6.
   A. ¿Cómo puede nuestra conversación estar llena de gracia?
   B. ¿Qué significa «sazonar» nuestras palabras «con sal»?
   C. ¿Cuál es el propósito de la gracia y la sazón en nuestro discurso?

3. Lee Romanos 12.16.
   A. ¿Qué dice sobre la gente de Dios el «vivir en armonía»?
   B. ¿Qué relación hay entre el orgullo y la grosería?
   C. ¿Por qué debemos estar dispuestos a tener relación con gente de posición baja?
   D. ¿Qué podemos hacer para no convertirnos en personas vanidosas?

Amor que se da

1. Siéntate con algún ser amado y vean alguna de sus películas favoritas. Busca especialmente las escenas donde se vea que alguien es rudo y grosero. ¿Qué sucedió en la historia a causa de ese comportamiento grosero? ¿Qué podría haber sucedido sin ese comportamiento? ¿En qué sentido habrían sido diferentes las cosas con un espíritu humilde?

2. Todos, en algún momento u otro, seremos víctimas de alguna rudeza. Prepárate para ese momento y piensa cómo vas a reaccionar. ¿Qué frases ya aprendidas podrías usar para neutralizar la situación? ¿Cómo puedes prepararte para desactivar el incidente con la gracia de Dios?

CAPÍTULO SIETE

ELIMINA EL «YO» DE TUS OJOS

Amor que recuerda

1. El egoísmo es una preocupación por uno mismo que llega a herir a otros.
   A. ¿Cómo describirías el egoísmo?
   B. Describe alguna experiencia en que te sentiste muy herido por el egoísmo de alguien.
   C. Describe alguna experiencia en que tu egoísmo hirió a alguien.

2. ¿Quieres tener éxito? Muy bien, pero ten cuidado de no herir a otros en el proceso. ¿Quieres parecer atractivo? Muy bien, pero no hagas que otros se vean mal.
   A. ¿Cómo herimos a veces a otros al tratar de lograr el éxito? ¿En qué sentido es egoísmo?
   B. ¿Cómo tratamos de parecer atractivos, haciendo que otros se vean mal?
   C. ¿Qué le responderías a alguien que dijera: «Bueno, si no me cuido, ¿quién lo va a hacer por mí?»

3. ¿Cuál es la cura para el egoísmo? Elimina el «yo» de tus ojos apartando los ojos de ti mismo. Deja de mirar a ese pequeño ego y fíjate en tu gran Salvador.
   A. ¿Qué te parece esta clase de cura para el egoísmo?
   B. ¿Cómo se puede llevar a la práctica esta cura? ¿Qué podemos hacer para que sea algo más que meras palabras?

Amor que profundiza

1. Lee Santiago 3.13–16.
   A. ¿Cómo definiría Santiago «ambición egoísta»?

B. ¿Qué es lo que logra? ¿A qué conduce? ¿Dónde surge?
C. ¿Cómo podemos luchar contra la ambición egoísta ?

2. Lee Salmo 119.36.
   A. ¿Qué oración ofrece el salmista en este versículo?
   B. ¿Cómo puede ayudarnos la Palabra de Dios a evitar los beneficios egoístas?
   C. ¿Cómo usas la Biblia para combatir el egoísmo?

3. Lee Romanos 2.7–8.
   A. ¿A qué grupo de gente Dios le dará la vida eterna (v. 7)?
   B. ¿Qué les espera a los egocéntricos (v. 8)?
   C. ¿Por qué existe una diferencia tan grande entre estos dos grupos?

Amor que se da

1. ¿En qué área de tu vida sueles ser más egoísta? Como el egoísmo nunca desaparece por sí mismo, necesitas preparar un plan para eliminarlo. ¿De qué forma puedes confrontar más efectivamente tus tendencias egocéntricas? Piensa en estas cosas tú solo, y después comenta tu plan con la persona que esté más cercana a ti. Traten juntos de llevar tu plan a la práctica.

2. Una forma muy eficaz de combatir el egoísmo es adquirir el hábito de darle a otros. En vez de darles algo que no necesites ni uses, elige algo personal y significativo para compartir con alguien que está solo o que los demás ignoran.

CAPÍTULO OCHO

La fuente del enojo

Amor que recuerda

1. El fuego del enojo tiene muchos troncos, pero según el relato bíblico, el trozo de madera más grueso es el rechazo.
    A. ¿Qué cosas te enojan?
    B. ¿Te enoja el rechazo? Explica.
    C. ¿Por qué nos suele enojar el rechazo?

2. Si el rechazo causa enojo, ¿acaso la aceptación no es la cura? Si el rechazo celestial te hace sentir mal con respecto a otros, ¿la aceptación celestial no te haría sentir amor por ellos?
    A. ¿La aceptación de siempre cura el enojo? Explica.
    B. ¿Cómo la aceptación celestial nos mueve a mostrar amor a otros?
    C. Si esta afirmación es cierta, entonces ¿por qué hay tantos cristianos que parecen estar tan enojados? ¿Por qué les falta amor a muchos creyentes?

3. Los rechazos son como badenes en la carretera. Están incluidos en el viaje... No puedes evitar que la gente te rechace pero sí puedes evitar que los rechazos te pongan furioso.
    A. ¿Podemos evitar que el rechazo nos hiera? Explica.
    B. ¿Cómo podemos evitar que el rechazo nos ponga furiosos?
    C. ¿Cómo has aprendido a lidiar mejor con el rechazo?

Amor que profundiza

1. Lee Génesis 4.2–8.
    A. ¿Qué provocó el enojo de Caín en este relato?
    B. ¿Cómo respondió Dios al enojo de Caín (vv. 6–7)?

C. ¿Cómo trató Caín con su enojo (v. 8)?
D. ¿Qué podemos aprender de Caín sobre cómo *no* tratar con el enojo?

2. Lee Romanos 9.1–5.
A. ¿Qué sentía Pablo hacia sus compatriotas? ¿Por qué?
B. Pablo tenía buenas razones para oponerse a sus hermanos judíos, pero no lo hizo. ¿Por qué no?
C. ¿En qué se enfocó Pablo para mantener su amor por sus hermanos y hermanas divididos (v. 5)? ¿Cómo podemos seguir su ejemplo?

3. Lee Juan 5.6.
A. ¿Qué le preguntó Jesús al inválido?
B. ¿Por qué le hizo esa pregunta? ¿No era obvia la respuesta?
C. Si Jesús te hiciera esta pregunta con relación a tu enojo, ¿qué le dirías? Explica.

Amor que se da

1. Estudia detalladamente Efesios 4.26. Lee el versículo en varias versiones, investiga lo que dicen los comentaristas, y piensa en él en tu tiempo devocional durante varias semanas. Al final de tu estudio, trata de llevar a la práctica lo que has aprendido. ¿Qué puedes hacer en tu casa para cumplir mejor el mandamiento de Dios? ¿Y en tu trabajo? ¿En la iglesia? ¿En tu comunidad?

CAPÍTULO NUEVE

UN CORAZÓN LLENO DE HERIDAS

Amor que recuerda

1. Nuestra tarea es proteger el barco y negar la entrada de pensamientos basura. En cuanto aparecen en el muelle tenemos que entrar en acción. «Este corazón le pertenece a Dios», declaramos, «y tú no vas a subir a bordo si no cambias de dueño».
   A. ¿Hasta qué punto has vigilado la entrada de pensamientos basura en tu mente?
   B. Describe algunas estrategias que tú o tus conocidos han usado para mantener la guardia en el plano de sus pensamientos.
   C. ¿Cómo puedes sacarte de la mente un pensamiento maligno que ya está dentro? ¿Es posible expulsarlo? Explica.

2. No es que te hayan rociado de perdón. No es que te hayan salpicado de gracia. No es que te hayan cubierto del polvo de la bondad, es que te han dado un baño de todo ello. Estás sumergido en la misericordia.
   A. ¿Qué significa para ti estar sumergido en la gracia de Dios?
   B. ¿Por qué es importante saber que Dios no se ha limitado a rociarnos con su bondad?
   C. Describe a alguien que conozcas que crea que Dios es miserable con su bondad y misericordia. ¿Cómo va por la vida esta persona?

3. Te puedes quedar con tus largas listas y tu cargamento maloliente. E ir a la deriva de puerto en puerto. Pero ¿por qué harías eso? Deja que el *Pelícano* se quede con los mares profundos. Tu capitán tiene planes mejores para ti.

A. ¿A qué «largas listas» y «cargamento maloliente» se refiere Max?
B. ¿Cómo puede haber gente que decida quedarse con un cargamento tan detestable? ¿Alguna vez has elegido quedarte con él? Explica.
C. ¿Qué planes tiene tu capitán para ti? ¿En qué sentido te ayuda a cambiar tu forma de vivir la vida saber que existen esos planes?

Amor que profundiza

1. Lee Colosenses 2.13–15.
   A. ¿A qué tipo de «basura» se refiere Pablo en este pasaje?
   B. ¿Cómo trató con ella Cristo? ¿Qué clavó en la cruz?
   C. ¿Cómo triunfó Cristo en la cruz? ¿Cómo podemos compartir su triunfo?

2. Lee 2 Corintios 10.4–5.
   A. ¿Qué tipo de armas tiene en mente Pablo?
   B. ¿Qué tipo de fortalezas tiene en mente Pablo?
   C. ¿Cómo destruyen las fortalezas estas armas?

3. Lee Filipenses 4.8.
   A. Pablo hace una lista de varias características del tipo de pensamientos que deberíamos tener. Nómbralas.
   B. ¿Qué podemos hacer para llenarnos la mente de tales pensamientos?
   C. ¿Por qué a veces desobedecemos esta enseñanza?

Amor que se da

1. ¿Cómo puedes ayudar a tu familia a «llevar cautivo todo pensamiento» a Cristo (2 Co 10.5)? ¿Permites que alguna piedra de tropiezo hagan caer a tus seres queridos, ya sean

pensamientos basura, revistas inadecuadas o programas de televisión que no te sirven de nada? Haz un inventario de tu casa. Camina por todas las habitaciones, y piensa: «¿Hay algo de esta habitación que le pertenezca al Pelícano?»

CAPÍTULO DIEZ

LA PRUEBA DEL AMOR

Amor que recuerda

1. Los sentimientos te pueden engañar.
   - A. Describe alguna ocasión en que tus sentimientos te engañaron.
   - B. ¿Cómo nos engañan los sentimientos? ¿Cómo lo consiguen?
   - C. ¿Cómo nos anima nuestra cultura a hacer cualquier cosa que sintamos? ¿Cómo podemos resistir estas urgencias tan poco sabias?

2. El verdadero amor nunca le dice al «amado» que haga lo que él o ella considera que está mal. El amor no echa por tierra las convicciones de otros, sino todo lo contrario.
   - A. Describe alguna ocasión en que alguien trató de usar el «amor» para conseguir que hicieras algo que consideras incorrecto. ¿Qué sucedió?
   - B. ¿Por qué el amor verdadero nunca anima a alguien a hacer algo que él o ella considera malo? ¿Pero qué pasa si las convicciones de la persona son incorrectas?
   - C. ¿Cómo trata el verdadero amor de persuadir a su amado que haga las cosas de una cierta forma?

3. ¿Quieres medir la profundidad de tu amor por alguien? ¿Cómo te sientes cuando esa persona tiene éxito? ¿Te alegras o sientes celos? ¿Y cuando tropieza o cae? ¿Cuándo algo le sale mal? ¿Lo lamentas de verdad? ¿O en el fondo te alegras? El amor nunca celebra la adversidad. Nunca.
   - A. Responde las preguntas anteriores y después explica tus respuestas.
   - B. ¿Por qué el amor nunca celebra la adversidad?

C. ¿Cómo reacciona el amor ante una desgracia *merecida*?

Amor que profundiza

1. Lee 1 Corintios 8.1–13.
   A. ¿Qué relación ve Pablo entre el conocimiento y el amor (vv. 1–3)? ¿Cuál debería tomar la delantera? ¿Por qué?
   B. ¿Cómo el amor controló el uso que Pablo hizo de su conocimiento sobre los ídolos (vv. 9–11)?
   C. ¿Qué principio general desarrolla Pablo en este discurso (vv. 12–13)?

2. Lee Lucas 13.34–35.
   A. ¿Qué verdad conocía Jesús sobre el futuro de Jerusalén?
   B. ¿En qué sentido le afectaba esa verdad?
   C. ¿Se alegró Jesús del juicio sobre sus enemigos? ¿Por qué sí o por qué no?

3. Lee Salmo 147.10–11.
   A. ¿En qué cosas no se deleita el Señor (v. 10)? ¿Por qué no?
   B. ¿En qué sí se deleita el Señor (v. 11)? ¿Por qué?
   C. ¿Qué clase de amor nos da el Señor? ¿Por qué deberíamos llenarnos de esperanza al saberlo?

Amor que se da

1. Celebra el éxito inesperado de algún familiar. Haz algo divertido, memorable y significativo. Asegúrate de que la persona cuyo éxito se está celebrando sepa cuánto te alegras, no sólo por el éxito, sino también por ser quién es.

2. Toma nota de tu reacción cuando un hermano o una hermana creyente obtiene algún éxito. ¿Te alegras realmente con

esa persona o sientes un poco de envidia? Piensa también en cómo reaccionas cuando un rival tropieza. ¿Lo disfrutas? Pídele al Señor que te revele el estado de tu corazón y dile después que te ayude a parecerte más a Cristo.

CAPÍTULO ONCE

El amor es un paquete completo

Amor que recuerda

1. ¿No sería también genial que el amor fuera como una cafetería autoservicio? Sería más fácil. Sería más agradable. Sería menos doloroso y más tranquilo. Pero ¿sabes una cosa? No sería amor. El amor no acepta sólo unas cuantas cosas. El amor es la disposición a aceptar todas las cosas.
   - A. ¿Alguna vez has conocido a alguien que considere al amor una cafetería autoservicio? En caso afirmativo, ¿cómo trata a los demás?
   - B. ¿El hecho de que el amor esté dispuesto a aceptar todo significa que nunca trata de cambiar ninguna de esas cosas? Explica.
   - C. ¿Qué cosas te resultan más difíciles de aceptar en tus seres queridos? Explica.

2. El punto de vista que Dios tiene sobre el amor es como el de mi mamá con la comida. Si amamos a alguien tenemos que tomar todo el paquete. El amor es un paquete completo.
   - A. Describe algunas de las cosas que hacemos para no tomar el paquete completo.
   - B. ¿Qué parte de tu paquete les cuesta a otros aceptar? Explica.
   - C. ¿Cómo podemos aceptar la totalidad de una persona si hay partes de ella o de su personalidad que no nos gustan?

3. Jesús soportó todo, creyó todo y esperó todo.
   - A. ¿Por qué es tan importante que recordemos que el mismo Jesús soportó todas las cosas? ¿En qué sentido saber esto puede cambiar nuestro comportamiento hacia otros?

B. ¿Qué pudo haber sucedido si Jesús se hubiera negado a soportar todo? ¿Qué te habría sucedido?
C. ¿Cómo podemos aprender a imitar el ejemplo de Jesús de soportar todas las cosas?

Amor que profundiza

1. Lee 1 Corintios 1.10–17.
   A. ¿Qué problema de la iglesia comenta Pablo en este pasaje? ¿Es un problema común hoy día? Explica.
   B. ¿Cómo quería Pablo que se comportara la iglesia (v. 10)? ¿Es realista tener tal esperanza? Explica.
   C. ¿Qué hubiera sucedido en Corinto si los miembros de la iglesia hubieran aprendido a soportarse unos a otros? Explica.

2. Lee 1 Corintios 5.1–13.
   A. ¿Crees que este pasaje concuerda con la idea de que el amor soporta todas las cosas? Explica.
   B. ¿Cómo ilustra este pasaje la diferencia entre el juicio de comportamiento y el juicio de motivación?
   C. ¿Cómo se puede amar a un hermano o hermana que peca y al mismo tiempo negarse a tolerar el pecado? ¿Por qué es tan difícil llevar esto a la práctica?

3. Lee Romanos 12.18.
   A. ¿Qué mandamiento se nos da en este versículo?
   B. ¿Cómo nos ayuda a obedecer este mandamiento la idea de soportar todas las cosas?

Amor que se da

1. Este ejercicio debes intentarlo sólo si te sientes bastante satisfecho de ti mismo. Haz una lista de los que consideras tus hábitos o rasgos de carácter más molestosos. Sé totalmente

sincero. Al meditar sobre la lista, ¿qué hábitos o rasgos puedes trabajar de manera realista? ¿Cómo puedes trabajar en ellos para facilitarles a quienes te rodean a soportar todas las cosas?

2. Identifica a la persona dentro de tu círculo de relaciones que crees que ejemplifica mejor el rasgo de que el amor todo lo soporta. Haz una cita y entrevístala. ¿Qué puedes aprender que te ayudaría a soportar mejor todas las cosas?

CAPÍTULO DOCE

UN MANTO DE AMOR

Amor que recuerda

1. El erudito se vuelve poeta al explicar el significado de *proteger*, tal como se usa en 1 Co 13.7. Dice que la palabra expresa «la idea de cubrir con un manto de amor».
   A. Describe a alguien que conoces que es bueno en esto de «cubrir con un manto de amor».
   B. Describe alguna situación en la que alguien te cubrió con un manto de amor.
   C. Trata de encontrar otras imágenes que expresen la idea de proteger en amor. ¿Qué imágenes te parece que expresan una protección amorosa?

2. Nosotros nos ocultamos. Él nos busca. Nosotros traemos pecado. Él trae un sacrificio. Nosotros lo intentamos con hojas de higuera. Él trae el manto de justicia.
   A. ¿Cómo tratamos de ocultarnos cuando pecamos? ¿Cómo tratas *tú* de ocultarte?
   B. ¿Qué motiva a Dios a sacrificarse por nuestro pecado?
   C. ¿Cómo ponemos un manto de justicia? ¿Te has puesto un manto como este? Explica.

3. ¿Conoces a alguien como Magda, que esté herido y asustado? ¿Conoces a alguien como Adán y Eva, que se sienta culpable y avergonzado? ¿Conoces a alguien que necesite un manto de amor?
   A. Responde las preguntas anteriores.
   B. ¿Cómo puedes ayudar a las personas que nombraste a que obtengan un manto de amor?
   C. ¿Qué persona ha sido un protector en tu vida? Descríbela.

Amor que profundiza

1. Lee Mateo 25.31–46.
   A. ¿Qué escena se describe en los vv. 31–33?
   B. ¿Cómo describe el rey a los benditos en los vv. 34–36? ¿Qué hicieron?
   C. ¿Por qué los benditos se sorprenden ante lo que dice el rey (vv. 37–39)?
   D. ¿Qué les responde el rey (v. 40)?
   E. ¿Qué sugiere esto con relación a nuestra responsabilidad de proteger a los menos afortunados?

2. Lee 2 Tesalonicenses 3.1–3.
   A. ¿Qué le pidió Pablo a sus amigos de Tesalónica (v. 1)? ¿Por qué lo hizo?
   B. ¿Qué otra petición les hizo Pablo (v. 2)? ¿Cuál es la relación entre esta oración y la protección?
   C. ¿Qué promesa hace Dios por medio del apóstol en el v. 3? ¿Nos podemos beneficiar nosotros de esta promesa? Explica.

3. Lee Mateo 14.22–33.
   A. Vuelve a narrar la historia en tus propias palabras.
   B. ¿De cuántas formas protegió Jesús a sus discípulos en este incidente?
   C. ¿Por qué nos da esperanza esta historia? ¿Qué aprendemos de ella?

Amor que se da

1. Haz un estudio del término *proteger*, junto a palabras relacionadas como: *protege*, *protegido* y *protección*, usando una buena concordancia. ¿Qué te enseña sobre la manera en que Dios protege a sus hijos? ¿Qué hace esto sobre tu sentido de

seguridad? ¿Cómo puedes usar estos conocimientos para ayudar a otros a edificar su confianza en Dios?

2. Mateo 25 dice claramente que Cristo quiere que protejamos y ayudemos a los menos afortunados entre nosotros. ¿Qué estás haciendo para alimentar al hambriento, dar de beber al sediento, casa a los que no la tienen, vestir al desnudo, cuidar al enfermo y visitar a los que están en la cárcel? Si quieres tomar en serio las palabras de Cristo, ¿qué *puedes* hacer?

CAPÍTULO TRECE

EL ANILLO DE LA FE

Amor que recuerda

1. Dios cree en ti. ¿Crees que podrías tomar algo de esa fe que Él tiene en ti y compartirla con alguien más? ¿Podrías creer en alguien?
   A. ¿Estás de acuerdo en que Dios cree en ti? Explica.
   B. ¿Cómo podemos compartir con otros la fe que Dios tiene en nosotros?
   C. ¿Cómo te ha mostrado alguien que él o ella ha creído en ti? ¿Qué hizo por ti esta fe?

2. Para bien o para mal, nos definimos a través de los ojos de otros. Dime muchas veces que soy estúpido y acabaré creyéndote. Dime muchas veces que soy una persona brillante, y probablemente te crea.
   A. ¿Sueles definirte a través de los ojos de otros? Explica.
   B. Describe alguna ocasión en que los comentarios que alguien hizo sobre ti afectaron tu autoestima o tu comportamiento.
   C. ¿Qué haces para mostrarle a la gente que crees en ella? ¿Qué le dices?

3. ¿Qué hacemos para mostrarle a la gente que creemos en ella? *Hacer acto de presencia... Escucharlos... Hablar.*
   A. ¿Cómo haces acto de presencia en las vidas de otros? ¿Cómo lo hacen ellos en la tuya?
   B. ¿Qué haces para escuchar a otros? ¿Qué hacen ellos para escucharte a ti?
   C. ¿Cómo hablas a las vidas de otros? ¿Cómo lo hacen ellos en la tuya?

Amor que profundiza

1. Lee Lucas 15.11–23.
   A. Describe a los personajes principales de esta historia. ¿Cómo son?
   B. ¿Cuál es la idea central de la historia? ¿Qué aprendemos de ella?
   C. ¿En qué sentido el padre de la historia es un retrato de Dios? ¿Cómo actúa Dios como el padre?
   D. ¿Cómo mostró el padre que creía en su hijo? ¿Cómo le afectó a su hijo esta fe de su padre en él?

2. Lee Proverbios 18.21; 12.18; 15.2, 4.
   A. ¿Qué poderes se le atribuye a la lengua en estos versículos?
   B. ¿Por qué trae sanidad la lengua del sabio?
   C. ¿Cómo puedes enseñarle a tu lengua a traer vida y sanidad? ¿Qué necesitas cambiar para que suceda esto?

3. Lee Efesios 4.29.
   A. ¿Qué se prohibe en este versículo?
   B. ¿Qué se elogia en este versículo?
   C. ¿Qué buen resultado se describe en este versículo?
   D. ¿Estás obedeciendo este versículo? Explica.

Amor que se da

1. Trata de ser escritor por un rato. Escribe el relato de cómo alguien mostró fe en ti, mencionando todos los detalles que puedas. Explica lo que hizo esa persona y también lo que sucedió en tu vida como resultado de eso. Después, comparte tu historia con algún amigo o ser querido.

2. ¿Cómo le puedes mostrar a alguien que crees en él o ella? Esta semana, escoge a alguna persona de tu casa o trabajo

que necesite oír que tú crees en ella, y trata de expresarle tu fe de alguna forma creativa. Envíale una tarjeta, llámala por teléfono, invítala a comer, organiza alguna salida, lo que sea, pero no dejes que pase la semana sin expresarle tu fe.

CAPÍTULO CATORCE

Cuando te faltan esperanzas

Amor que recuerda

1. La esperanza es una hoja de olivo; evidencia de tierra seca después de una inundación. Es una prueba para el soñador de que vale la pena arriesgarse a soñar.
   - A. ¿En qué áreas de tu vida necesitas más esperanza en este momento?
   - B. ¿Cómo te ha rescatado la esperanza de «inundaciones» pasadas?
   - C. ¿Qué sueños atesoras? ¿Crees que vale la pena correr el riesgo de tenerlos? Explica.

2. Con el debido respeto, nuestras luchas más graves, ante sus ojos, no son más que horquillas perdidas. Él no está confundido o desalentado. Recibe su esperanza, ¿no te parece? Recíbela porque la necesitas. Recíbela para que puedas compartirla con otros.
   - A. ¿Qué tan grande es tu Dios? ¿Puede manejar tus problemas? Explica.
   - B. ¿Cómo te sentirías si Dios *pudiera* confundirse o desanimarse?
   - C. ¿Cómo recibes la esperanza de Dios? ¿Cómo puedes compartirla?

3. El amor le acerca una hoja de olivo al amado y le dice: «Tengo esperanza para ti».
   - A. ¿Qué significa decir que el amor afirma: «Tengo esperanza *en* ti»?
   - B. ¿Qué significa decir que el amor afirma: «Tengo esperanza *para* ti»?
   - C. ¿Cómo puedes expresarles a los que están más cerca de

ti que tienes esperanza en ellos y para ellos? ¿Qué crees que significaría esto para ellos?

Amor que profundiza

1. Lee Romanos 8.18–25.
   A. ¿Por qué no se queja Pablo de sus sufrimientos presentes (v. 18)?
   B. ¿Qué esperaba Pablo (vv. 19–21)? ¿En qué sentido cambió su perspectiva esa esperanza?
   C. ¿Pablo minimizó sus preocupaciones (vv. 22–23)? ¿Cómo les prohibió que lo desalentaran?
   D. ¿Cómo entendía Pablo la esperanza (vv. 24–25)? ¿Cómo puede ayudarnos este entendimiento en nuestros momentos difíciles?

2. Lee Romanos 15.4.
   A. Según este versículo, ¿por qué se escribió la Biblia?
   B. Según este versículo, ¿cómo recibimos esperanza?
   C. ¿Por qué necesitamos esperanza?

3. Lee Hebreos 13.5–6.
   A. ¿Por qué podemos alegrarnos con lo que tenemos (v. 5)?
   B. ¿Qué promesa nos hace Dios en este pasaje?
   C. ¿Cómo nos puede dar esperanza esta promesa?
   D. ¿Cómo esta esperanza puede cambiar nuestra forma de vivir (v. 6)?

Amor que se da

1. Lee un buen libro sobre el tema de la esperanza. ¿Cómo Dios diseñó nuestra fe para darnos esperanza, aun cuando estamos pasando por pruebas?

2. Supongamos que eres un periodista y que estás haciendo un reportaje investigativo. Pídele a varios de tus compañeros de trabajo o a tus vecinos que te hablen sobre la esperanza: si tienen o no, qué creen que es, cómo cambia las cosas, de dónde viene, etc. ¿Es hoy día la esperanza algo común o es casi un lujo? ¿Qué puedes hacer para dar esperanza a la gente?

CAPÍTULO QUINCE

ÉL PUDO HABER DESISTIDO

Amor que recuerda

1. Jesús pudo haber desistido.
   A. Si hubieras sido el diablo, ¿cómo habrías tentado a Jesús para que se rindiera?
   B. ¿Por qué crees que Jesús no desistió? ¿Qué le hizo mantener el rumbo?
   C. ¿Qué hubiera sucedido si Jesús hubiera desistido? ¿Cómo habría cambiado la historia?

2. El amor recorre distancias... y Cristo viajó desde la eternidad ilimitada a ser confinado por el tiempo para convertirse en uno de nosotros.
   A. ¿Qué significa que el amor recorre distancias? ¿Cómo la ha recorrido en tu vida?
   B. ¿Cómo el amor hizo que Jesús cambiara su domicilio del cielo a la tierra?

3. ¿Por qué no se dio por vencido? Porque el amor por sus hijos era más grande que el dolor del viaje. Él vino a sacarte. Tu mundo había colapsado. Por eso vino. Estabas muerto, muerto en el pecado. Por eso vino Jesús. Él te ama. Por eso vino.
   A. ¿Cómo el amor superó al dolor en la vida de Jesús? ¿Cómo puede hacer lo mismo en tu vida?
   B. ¿Cómo te sacó Jesús de tu mundo colapsado?
   C. ¿Qué significa estar muerto en el pecado? ¿Cómo la venida de Jesús nos rescató del pecado y de la muerte?

Amor que profundiza

1. Lee Hebreos 12.2–3.
   - A. ¿Qué consejo nos da el autor en el v. 2? ¿Por qué lo hace?
   - B. ¿Cómo pudo soportar la cruz Jesús, según el autor? ¿A qué gozo se refiere (v. 2)?
   - C. ¿Cómo podemos seguir el ejemplo de Jesús (v. 3)? ¿Qué sucede cuando seguimos su ejemplo?

2. Lee 2 Corintios 4.7–18.
   - A. ¿Por qué Pablo llama a nuestros cuerpos «vasos de barro» (v. 7)? ¿Cuál es el propósito de Dios al darnos tales cuerpos?
   - B. ¿Cómo describe Pablo sus retos y pruebas (vv. 8–10)? ¿Qué hizo para soportarlas?
   - C. ¿Qué esperanza sostuvo a Pablo y le dio ese tesón (v. 14)? ¿Compartes esta esperanza? Explica.
   - D. ¿Cuál es el secreto para no desanimarse (v. 16)?
   - E. ¿Cuál es la clave para resistir (v. 18)? ¿La has encontrado? Explica.

3. Lee Apocalipsis 1.9.
   - A. ¿En qué somos «copartícipes» con Jesús, según Apocalipsis 1.9? ¿Por qué?
   - B. ¿Cómo nos puede ayudar Colosenses 1.3–12 a comprender mejor la afirmación de Juan?

Amor que se da

1. Lee una buena biografía de algún misionero. Préstale especial atención a las formas en que el misionero soportó y perseveró a pesar de las dificultades. ¿Qué puedes aprender para tu vida cristiana de la experiencia de esa persona?

2. Busca a alguien esta semana que necesite aliento urgentemente. ¿Qué puedes hacer para ayudar a esa persona soportar lo que esté pasando? Invítala a desayunar o a almorzar, y prueba sutilmente cómo puedes ofrecerle esperanza y ayuda.

CAPÍTULO DIECISÉIS

AMOR INAGOTABLE

Amor que recuerda

1. Cuando llegues al final de tu vida, ¿qué es lo que vas a desear? Cuando la muerte te extienda sus manos, ¿dónde vas a buscar aliento?
   A. Responde las preguntas anteriores.
   B. Describe a alguien en tu vida que sea ejemplo de amor inagotable. ¿Cómo es esa persona?

2. Hagamos un inventario de nuestros corazones. ¿Estoy viviendo en la corriente del amor de Dios? ¿Hasta qué punto amo a la gente que hay en mi vida? ¿La forma en que trato a la gente refleja la forma en que Dios me ha tratado?
   A. Responde las preguntas anteriores.
   B. ¿Cómo se puede vivir en la corriente del amor de Dios? ¿Qué significa esto?
   C. Haz una lista de diez maneras en las que Dios te ha mostrado su amor. ¿Cómo has pasado ese amor a otros?

3. El amor de Dios no depende del tuyo. La cantidad de tu amor no hace que el suyo aumente. Tu falta de amor no hace disminuir el suyo. Tu bondad no eleva su amor ni tu debilidad lo diluye.
   A. ¿Por qué el amor de Dios no depende del nuestro?
   B. ¿Qué sientes al saber que el amor de Dios nunca cambia?
   C. ¿Cómo sabemos que el amor de Dios nunca cambia?

4. Reescribe 1 Corintios 13.4–8. No con el nombre de Jesús ni con el tuyo, sino con ambos. Léelo en voz alta con tu

nombre en el blanco y dame tu opinión. Cristo en _________ es paciente, Cristo en ___________ es bondadoso, Cristo en ___________ no es envidioso, Cristo en ___________ no es jactancioso, Cristo en ___________ no es orgulloso. Cristo en _________ no se comporta con rudeza, Cristo en _________ no es egoísta, Cristo en ___________ no guarda rencor. Cristo en _______________ no se deleita en la maldad sino que se regocija con la verdad. Cristo en ______________ todo lo disculpa, todo lo cree, todo lo espera, todo lo soporta. Cristo en _________ jamas se extingue.

A. ¿Qué te parece este pasaje con el nombre tuyo y el de Cristo? Explica.
B. ¿Qué cambios te impulsa a hacer esta lectura en tu caminar cristiano? Explica.

Amor que profundiza

1. Lee Deuteronomio 7.7–9.
   A. ¿Qué cosas no fueron factores para Dios escoger al pueblo de Israel (v. 7)?
   B. ¿Por qué Dios escogió a este pueblo (v. 8)?
   C. ¿En qué sentido es igual este principio para todos los que hoy día creen en Cristo?

2. Lee 1 Corintios 13.8–13.
   A. ¿Por qué cesarán las profecías, el don de lenguas y el conocimiento? ¿Por qué siempre existirá el amor?
   B. ¿A qué día se refiere Pablo cuando menciona que lo perfecto ha de llegar (v. 10)? ¿Cuándo vamos a ver a Dios «cara a cara» (v. 12)? ¿Cuándo conoceremos plenamente, tal como fuimos conocidos (v. 12)?
   C. ¿Por qué el amor es mayor que la fe y la esperanza?

3. Lee Juan 15.5–12.
   A. ¿En qué sentido Jesús es la viña? ¿En qué sentido nosotros somos los pámpanos?
   B. ¿Qué promesa se les da a los que permanecen en Jesús (v. 7)?
   C. ¿Qué le sucede al pámpano que permanece en Jesús (v. 8)? ¿Por qué es esto para la gloria de Dios?
   D. ¿Cómo podemos permanecer en el amor de Cristo? (v. 10)?
   E. ¿Cuál es el resultado de permanecer en el amor de Cristo (v. 11)?
   F. ¿Qué mandamiento le da Jesús a los que permanecen en su amor (v. 12)?

Amor que se da

1. Haz una lista de ejemplos en que otros te hayan bendecido a través de su amor. ¿Cómo puedes transmitir este amor a otros?

2. En tu tiempo devocional, dale gracias a Dios por las muchas formas en que te ha mostrado su amor a lo largo de los años. Sé tan específico como te sea posible y menciona cada una de sus expresiones de amor. Pídele después que te muestre cuál es la mejor forma de transmitirle su amor a otros. No termines tu oración hasta que el Señor te haya revelado varias formas concretas de mostrarle su amor a personas en tu vida.

Notas

Capítulo 2: El buque insignia del amor

1. David Aikman, *Great Souls: Six Who Changed the Century* [Grandes almas: Seis que cambiaron el siglo] (Nashville: Word Publishing, 1998), 341–42.
2. Ibid., 338–44.

Capítulo 3: Tu cociente de bondad

1. Juan 2.1–11; Lucas 19.1–10; Marcos 5.21–34; Mateo 9.22.
2. Gerhard Kittel y Gerhard Friedrich, ed.: *Theological Dictionary of the New Testament* [Diccionario Teológico del Nuevo Testamento], (Grand Rapids: Eerdmans Publishing Co., 1971), 9:483.

Capítulo 4: Inflamado

1. Paul Lee Tan: *Encyclopedia of 7,700 Ilustrations* [Enciclopedia de 7700 ilustraciones], (Rockville, Md.: Assurance Publishers, 1979), 274.
2. Linda Dillow y Lorraine Pintus, *Gift-Wrapped by God: Secret Answers to the Question "Why Wait?"* [Envuelto para regalo por Dios: Respuestas secretas para la pregunta «¿por qué esperar?»] (Colorado Springs, CO.: WaterBrook Press, 2002).
3. Hank Hanegraaff, *The Prayer of Jesus* [La oración de Jesús], (Nashville, Tenn.: W Publishing Group, 2001), 13–14.
4. Le doy las gracias a Jim Barker por contarme esta historia ficticia.

Capítulo 5: Dios y la ley del más fuerte

1. Dan McCarney: «Courage to Quit» [El valor de darse por vencido] , *San Antonio Express News,* 13 julio 2000, sec. 4C.

2. Gerald F. Hawthorne: *Philippians* [Filipenses], vol. 43 de *Word Biblical Commentary* [Comentario de palabras bíblicas] (Waco, Tex.: Word Publishing, 1983), 70.
3. William Barclay: *The Letter to the Romans* [La epístola a los Romanos], rev. ed. (Filadelfia: Westminster Press, 1975), 164.

Capítulo 6: Un llamado a la cortesía

1. King Duncan: *Lively Illustrations for Effective Preaching* [Ejemplos llamativos para la predicación eficaz] (Knoxville, Tenn.: Seven World's Publishing, 1987), 61.

Capítulo 7: Elimina el «yo» de tus ojos

1. Gerhard Kittel y Gerhard Friedrich, ed.: *Theological Dictionary of the New Testament* [Diccionario Teológico del Nuevo Testamento], (Grand Rapids: Eerdmans Publishing Co., 1971), 2:660.

Capítulo 8: La fuente del enojo

1. Dwight Edwards: *Revolution Within* [Revolución interior] (Colorado Springs, Colo.: WaterBrook Press, 2001), 57–58.
2. Ibid., 58.
3. Robert Emmit: *Anger Management* [Cómo manejar el enojo], grabación de un sermón en la Community Bible Church, 2477 East 1604, San Antonio, TX 78232 el 14 de enero 2001.

Capítulo 9: Un corazón lleno de heridas

1. Jerry Schwartz: «Where Does One Stash That Trash Ash?» *San Antonio Express News,* 3 de septiembre de 2000, sec. 29A.

Capítulo 10: La prueba del amor

1. Tim Kimmel: citado en Stu Weber: *Tender Warrior* [Guerrero tierno], (Sisters, Oreg.: Multnomah Books,

1993), porción de «Changed Lives» [Vidas cambiadas] en *A 4th Course of Chicken Soup for the Soul* [Cuarto Curso de Sopa de Pollo para el Alma] (Deerfield, Fla.: Health Communications, 1997), 60–61.

Capítulo 11: El amor es un paquete completo

1. Robert J. Dean: *First Corinthians for Today* [Primera de Corintios para hoy día] (Nashville, Tenn.: Broadman Press, 1972), 60.

Capítulo 12: Un manto de amor

1. Gerhard Kittel y Gerhard Friedrich, ed.: *Diccionario Teológico del Nuevo Testamento,* (Grand Rapids: Eerdmans Publishing Co., 1971), 7:587.
2. Juan 8.1–11; Mt. 14.22–33; Marcos 5.1–20; Mt. 17.24–27.
3. Le agradezco a los doctores Harold Wise y Joe Bob Wise que me hayan permitido contar la historia de sus padres.

Capítulo 13: El anillo de la fe

1. Barbara Bressi-Donahue: «Friends of the Ring» [«Amigos del anillo»], *Reader's Digest,* Junio 1999, 154.
2. Robert H. Schuller: *The Peak to Peek Principle* (Garden City, N.Y.: Doubleday and Co., 1980), 107.
3. Alan Loy McGinnis: *Bringing Out the Best in People: How to Enjoy Helping Others Excel* [Cómo obtener lo mejor de las personas: Disfrute de enseñar a otros a superarse], (Minneapolis: Augsburg Books, 1985), 32–33.
4. Alan Loy McGinnis, *The Friendship Factor* [El factor de la amistad], (Minneapolis: Augsburg Publishing House, 1979), 51–52.
5. David Jeremiah: *Acts of Love* [Actos de amor]. (Gresham, Oreg.: Vision House Publishing, Inc., 1994), 92.
6. Bressi-Donahue, op. cit., 153–60.

Capítulo 14: Cuando te faltan esperanzas

1. Charles Swindoll: *The Tale of the Tardy Oxcart and 1,501 Other Stories* (Nashville, Tenn.: Word Publishing, 1998), 275.

Capítulo 15: Él pudo haber desistido

1. Mis agradecimientos a J. R. Vassar por esta comparación, y a David Robinson por permitirme compartirla.
2. Deborah Hastings: *«Firefighters' Reward: Carrying Son's Body»* [«La recompensa de los bomberos: Llevar en brazos el cuerpo del hijo»], *San Antonio Express News,* 14 diciembre 2001, sec. 17A.

Capítulo 16: Amor inagotable

1. J. I. Packer: *Knowing God* [Cómo conocer a Dios], (Downers Grove, Ill.: InterVarsity Press, 1973), 112.

Encuentre las herramientas prácticas para explorar e identificar su singularidad.
MAX LUCADO
Autor del éxitos de librería según el New York Times
Cura para la vida común
Encontrando SU lugar.
ISBN:0881139025
GRUPO NELSON
Una división de Thomas Nelson Publishers
juntos inspiramos al mundo
www.gruponelson.com